AGILITY – FUN WITH GAMES

Agility
Fun with Games

Spiele, Training, Turniere mit Spass

von Manfred Spiegel

CADMOS
HUNDEBÜCHER

In diesem Buch werden durchgängig die männlichen Bezeichnungen verwendet. Dies geschieht der besseren Lesbarkeit halber. Selbstverständlich ist damit auch die weibliche Hundesportlerin angesprochen.

Cadmos Verlag GmbH Lüneburg

Copyright © 2002 by Cadmos Verlag

Gestaltung: Ravenstein Brain Pool, Berlin

Satz: M. Eckenbach

Titelfotos und Innenfotos: Lothar Lenz

Zeichnungen: Manfred Spiegel

Druck: Westermann Druck, Zwickau

Printed in Germany

ISBN 3-86127-723-9

Dieses Buch widme ich meinen drei „Frauen", in erster Linie meiner Ehefrau *Waltraud*. Ohne ihre Akzeptanz und aufopfernde Unterstützung wäre es mir nicht möglich, mit dieser Intensität meinem Hobby, dem Agility Hundesport, nachzugehen. Sie begleitet mich auf allen Turnieren, ob ich als Starter gemeldet bin, als Leistungsrichter auf dem Platz stehe oder nur als Zuschauer teilnehme. Sie gibt mir den Halt und die Kraft, Rückschläge, Niederlagen und Enttäuschungen sportlicher, aber auch menschlicher Art zu verkraften. Ihr gilt mein besonderer Dank. Und natürlich meinen beiden Pudelhündinnen *Ellis* und *Yvy*. Diese beiden geben mir alles an Freude und Begeisterung wieder, welche ich in den Sport stecke.

Manfred Spiegel

AGILITY

Es ist keine Frage
des Alters,
der Kraft
oder des Könnens,
sondern einzig und allein
des Willens.

Warum Spiele? „Agility is Fun"

Mit Agility steht uns eine Sportart zur Verfügung, die in viele Bereiche der sportlichen Aktivitäten mit dem Hund hinein reicht.

Es ist eine Sportart, die leistungsbezogen in Form von Wettkämpfen, Turnieren und Qualifikationen in den verschiedenen Leistungsstufen A1 bis A3 durchgeführt werden kann, oder von Meisterschaften auf Kreis- oder Landesverbandsebene bis hin zur deutschen Meisterschaft und Welt-

meisterschaft. Aber auch die Komponente der rein spielerischen Aktivitäten mit dem Hund kann voll ausgeschöpft werden. Der Wettstreit im Spiel, ohne Leistungsdruck mit Gleichgesinnten, kann erholsam und aufbauend sein. In diesem Buch wollen wir uns nicht mit den Turnieren befassen, sondern nur mit dem *Fun* bei Agility, dem Spiel.

Prüfungen im Hundesport sind nicht alles. Sicher, auch die sollen sein und

Agility ist Spiel und Spaß mit dem Hund und kann auch ganz anders aussehen als eine Prüfung.

haben ihre Berechtigung. Jeder Hunde-sportler soll die Möglichkeit haben, sich in einer Prüfung dem Wettbewerb zu stellen und von einem Leistungsrichter beur-teilen zu lassen. Diese vorgegebenen Prü-fungskriterien sind wichtig zur Klas-sierung der jeweiligen Kenntnisse und Fähigkeiten, und zum Nachweis der Leis-tungsfähigkeit in den einzelnen Klassen sind sie unerlässlich. Aber das ist nicht alles, was Agility zu bieten hat.

Auch bei Spielen kann der Hundeführer mit seinem Hund seine Fähigkeiten ein-setzen. Auch bei Spielen werden Parcours gebaut, die ganz bestimmte Anforderun-gen an das Team stellen. Dabei hat jedes

Spiel seinen eigenen Charakter. Es werden die unterschiedlichsten Aufgaben gestellt, und dem Team werden Dinge abgefordert, wie sie in einer Prüfung nicht besser sein könnten.

Auch im Spiel ist die Spannung des Wett-kampfes vorhanden, egal, ob Hund und Hundeführer als Einzelkämpfer antreten, als Team in einer Spielergruppe, die sich gerade auf einer Veranstaltung gefunden hat, oder ob es ein Wettkampf zwischen Vereinen ist.

Agility ist Fun!

Viele Sportler haben diesen Satz auf ihrem Trikot stehen, aber sie sind sich über die Möglichkeiten, die dieses

Bekenntnis enthält, nicht im Klaren. Diese Einstellung zum Fun wird sich wie eine Kordel durch das ganze Buch ziehen. Denn bei den hier beschriebenen Spielen steht der Spaß mit dem Hund an erster Stelle. Der reine Leistungsgedanke ist auf die nachfolgenden Plätze degradiert.

Natürlich ist jedes Team, jede Gruppe von Teams oder jeder Verein bestrebt, seine besten Leistungen zu zeigen. Das soll ja auch bei den Spielen so sein. Aber der Spaß steht an erster Stelle, es gibt keine Eintragungen in Leistungshefte und ein Aufstieg in andere Leistungsklassen ist auch nicht möglich. Die Spiele dienen rein der Unterhaltung und der sportlichen Aktivität von Mensch und Hund. Und wenn ein Spiel verloren wird, kann dies den Spaß an der Aktivität nicht schmälern.

Spiele mit dem Hund, Agilityspiele im Team, im Verein, werden leider immer noch zu wenig gespielt. Auf dem Trainingsgelände vieler Vereine wird nur in Richtung Leistungssport trainiert. Viele Hundesportler halten Spiele für Kinderkram. Das ist aber völlig falsch. Natürlich muss ich dem Team die Grundkenntnisse von Agility vermitteln, aber es können von Anfang an immer wieder Spiele gespielt werden. Auch durch das Spiel ist ein effektives Training der Teams möglich.

In den Vereinen gibt es die verschiedensten Möglichkeiten Spiele durchzuführen. Wenn der Verein groß genug ist, kann es bereits innerhalb des Vereins spielerische Wettkämpfe geben. Der Verein kann aber auch benachbarte Vereine zu einem Spieltag oder Spielabend einladen. Verschiedene Leistungsstufen spielen bei geschickter Auswahl der Spiele keine Rolle. Für diese Veranstaltungen sind keine Formalitäten erforderlich, kein Fristschutzantrag, und die Funktion des Richters kann der Trainer übernehmen. Und ganz nebenbei wird der Zusammenhalt im Verein und der Teamgedanke geweckt.

Für die Trainer steht mit den Spielen ein wunderbares Trainingsprogramm zur Verfügung. So können in die Parcours für die Spiele bestimmte Segmente eingebaut werden, die gerade im Trainingsprogramm vorgesehen sind. Die Teams, Hund und Hundeführer, lernen spielerisch die Sicherheit in den Parcours. Ebenso können in den Spielen neue Dinge ausprobiert und gefestigt oder andere Führungstechniken und Wechsel geübt werden – und die Teilnehmer haben Spaß dabei. Das Training ist kein langweiliges Abarbeiten von Übungssegmenten mehr.

Durch die Teilnahme an solchen Spielen wird vielen Agility-Neulingen die Angst vor den Prüfungen genommen. Sie haben ihr Können ja bereits beim Spiel unter Beweis gestellt und werden Prüfungen viel besser angehen. Der Druck durch Prüfungsstress wird merklich geringer. Das Selbstbewusstsein der Teams wird gesteigert und ausgebaut, und ganz wichtig ist, auch das Erfolgserlebnis. Hund und Hundeführer wachsen als Team zusammen, da es sich im Spiel immer wieder selbst bestätigen kann.

Das Problem der Parcoursbegehung, das Einprägen des Parcoursverlaufs wird geübt. Beim Training wird dem Hundeführer ja meist sein Weg vom Trainer vorgegeben. Beim Spiel kann er selber seinen Weg suchen und finden. Damit meine ich nicht den Verlauf des Parcours. Dieser wird auch bei vielen Spielen mit entsprechenden Zahlen vorgegeben. Nein, hier ist gefordert, selber seinen Weg und nicht den Weg des Hundes zu finden. Durch diese Erfahrung wird das Auge geschult und das richtige Beurteilen eines Parcours geübt, um die Verleitungen und technischen Möglichkeiten zu sehen.

Bei den heutigen Turnieren werden eigentlich regelmäßig auch Spiele angeboten, aber leider immer wieder die gleichen. Bei den Veranstaltern hat sich ein Schema festgesetzt. Ein Turnier besteht aus Prüfung, Jumping und Monopoly, bei viel Glück mal ein Agility Open.

Warum wird denn nicht mal was anderes angeboten? Ob die Prüfungsleiter der Meinung sind, die Hundeführer seien so unflexibel und könnten keine anderen Spiele begreifen? Oder ist es reine Bequemlichkeit, oder haben sie Angst vor der Auswertung? Warum nicht mal ein Turnier nur aus Spielen?

Es soll ja auch noch Hundeführer geben, die nicht von Prüfung zu Prüfung den „Vs" nachhetzen, sondern denen Sport und Spaß mit dem Hund im Vordergrund stehen, ohne Leistungsdruck der Prüfungen. Also bitte, Mut bei den Prüfungsleitern, auch diese Turniere werden mit Sicherheit gut besucht sein.

Ich hoffe doch, dass nach der Lektüre dieses Buches mehr und andere Spiele von den Vereinen angeboten werden. Vielleicht gibt's auch mal eine Wochenendveranstaltung nur aus Spielen?

Bei der Beschreibung der Spiele werden nicht nur die Spielanleitungen erklärt, sondern es wird auch auf andere Punkte eingegangen. Es wird beschrieben, auf welche Schwerpunkte geachtet werden soll, es werden Trainingshinweise gegeben und Tipps, bei welchen Gelegenheiten die verschiedenen Spiele eingesetzt werden können. Jedes Spiel hat seinen eigenen Charakter. Die Spiele sind alle in der Auswertung so konzipiert, dass dies für den Veranstalter kein großer Aufwand ist. Es wird auch auf die klassischen Spiele eingegangen, aber der Schwerpunkt liegt bei der Beschreibung neuer Spiele.

AGILITY-REGELWERK

Bei der Beschreibung der Spiele verzichte ich bewusst auf die Darstellung und Erklärung des Regelwerkes. Dies bei den Spielen immer wieder zu erläutern, würde den Umfang dieses Buches sprengen und die Erklärung der Spiele unübersichtlich machen. Es soll nicht Aufgabe dieses Buches sein, den Lehrstoff „Agility" zu vermitteln. Jeder Trainer oder Hundeführer, der sich mit diesem Thema befasst, wird über die erforderlichen Kenntnisse verfügen. Er weiß, was ein Fehler ist, er kann beurteilen, was eine Verweigerung ist und welche Handlung zur Disqualifizierung führt. Dies kann aber auch alles in einschlägiger Literatur nachgelesen werden; oder fragt eure Trainer.

Sollten sich bei einigen Spielen Abweichungen zum Regelwerk ergeben, erfolgt bei den jeweiligen Spielen der entsprechende Hinweis.

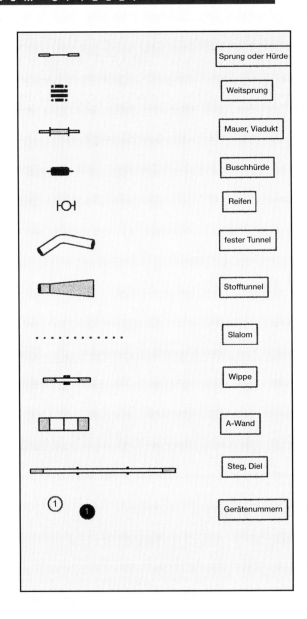

	Sprung oder Hürde
	Weitsprung
	Mauer, Viadukt
	Buschhürde
	Reifen
	fester Tunnel
	Stofftunnel
	Slalom
	Wippe
	A-Wand
	Steg, Diel
	Gerätenummern

PARCOURSZEICHNUNGEN

Zu den Spielen werden in den meisten Fällen Parcourszeichnungen hinzugefügt. Sie sollen nur als Vorlagen dienen und haben den Sinn, das erklärende Wort zu unterstützen. Es können selbstverständlich auch eigene Parcours entworfen werden.

Der Charakter der Spiele sollte dabei nicht verloren gehen.

Die in den Plänen verwendeten Darstellungen für die verschiedenen Geräte werden oben erklärt, um sie nicht bei jeder Zeichnung neu erläutern zu müssen.

Der Spaß kann beginnen

MONOPOLY

Monopoly ist ein klassisches Agilityspiel, das aus den Anfängen des Agility Hundesports stammt. Bei diesem Spiel ist die Kreativität und Eigeninitiative des Hundeführers gefordert. Basis dieses Spiels ist die freie Festlegung des Parcoursverlaufs. Der Hundeführer kann die Reihenfolge, in der die Geräte abgearbeitet werden, selber bestimmen. Dies ist also ein Spiel, mit dem auch beim Training das richtige Sehen des Parcours und dessen Möglichkeiten geübt werden können.

Aber fangen wir von vorne an. Aufgebaut wird ein Parcours in beliebiger Folge mit allen Geräten des Agilityparcours. Schon beim Aufbau wird durch den Parcoursbauer auf die verschiedenen Möglichkeiten des Parcoursablaufs geachtet. Die Geräte werden so positioniert, dass sich verschiedene Wege anbieten. Es gibt nichts Langweiligeres als ein Monopoly, bei dem die Teams alle den gleichen Weg laufen. Schwierigkeiten und Verleitungen können schon beim Aufbau gestellt werden, zum Beispiel keine geraden Tunneleingänge, Tunnel unter der A-Wand, Sprungkombinationen in Form von Rechtecken oder Kreiseln. Alle diese Herausforderungen dienen dazu, den Hundeführern viele Möglichkeiten zu geben, dem Hund die Geräte und den Platz näher zu bringen.

Viele Hundeführer nutzen dieses Spiel, um die Tagesform des Hundes zu testen und ihm die Geräte vertraut zu machen. Dies gilt insbesondere beim Stofftunnel, da es viele verschiedene Stoffteile gibt, die Verwendung finden.

Die Wippe wird bei diesem Spiel gerne ebenso angetestet wie der Belag der Kontaktzonengeräte. Die Tagesform des Teams beschränkt sich natürlich nicht nur auf die Reaktionen des Hundes, sondern auch auf die des Hundeführers.

Wie ausgeschlafen sind Hund und Mensch, reagiert der Hund auf Wechsel wie gewohnt, oder muss sich der Hundeführer heute auf ein anderes Arbeiten einstellen? Diese Möglichkeit des Testens halte ich für wichtiger als die reine Gerätearbeit.

Beim Monopoly hat der Hundeführer auch die Möglichkeit, etwas Neues mit dem Hund auszuprobieren. Wenn das Team beim Training neue Techniken oder Wechsel eingeübt hat, kann jetzt unter Turnierbedingungen geprüft werden, ob es auch sitzt.

Gestartet wird vom Tisch aus. Sobald die erste Pfote den Boden berührt läuft die Zeit.

Da nun der Parcours aufgebaut ist, müssen wir uns die Spielregeln ansehen. Wie bereit erwähnt, kann jeder Hundeführer sich seinen Weg selber suchen.

Der Hund muss natürlich die Geräte fehlerfrei abarbeiten, also auf die Kontaktzonen achten, im Slalom richtig einfädeln und die Tore fehlerfrei arbeiten, keine Stangen abwerfen, durch und nicht neben den Reifen springen und vieles mehr.

Verweigerungen vor den Geräten, das Arbeiten in falscher Reihenfolge oder aus der falschen Laufrichtung können bei diesem Spiel natürlich für einen Außenstehenden nicht beurteilt werden. Den richtigen korrekten Weg hat sich der Hundeführer ja selber ausgedacht, und er bleibt den anderen verborgen.

Aber nicht der Hund, sondern der Hundeführer soll den Parcoursverlauf bestimmen, andernfalls hat nicht das Team gewonnen, sondern der Hund.

Jedes Gerät ist mit einer Punktzahl belegt. Die Punkte kommen aber nur dann in die Wertung, wenn die Geräte fehlerfrei abgearbeitet wurden.

Jedes Gerät kann mehrmals abgearbeitet werden. Es kommen jedoch nur zwei fehlerfreie Durchgänge in die Wertung, alle weiteren Durchgänge verfallen. Viele Sportler nutzen diese Möglichkeit, mit ihren Hunden, ein bestimmtes Gerät zu trainieren. Na gut, wer zu Hause keine Möglichkeit hat – aber das ist nicht der Sinn dieses Spiels.

Mit dem Joker kann das Team Sonderpunkte sammeln. Der Joker besteht aus mehreren, meistens drei Geräten, die in einer vorgegebenen Reihenfolge abgearbeitet werden müssen.

Für diesen Joker steht eine bestimmte Zeit zur Verfügung. Wird die Jokerkombination fehlerfrei abgearbeitet, gibt es Sonderpunkte, Fehler haben zur Folge, dass der Joker verfällt und nicht in die Wertung kommt. Die Fehler können nicht korrigiert werden.

Außerdem muss der Joker innerhalb der für ihn vorgegebenen Zeit abgearbeitet werden. Bei Zeitüberschreitung wird der Joker nicht gewertet.

Die Jokergeräte können innerhalb des Parcours bereits in der normalen Spielzeit genutzt werden. Dies birgt natürlich ein Risiko.

Wird bei diesem Durchgang ein Gerät durch einen Fehler verändert, zum Beispiel Stangenabwurf, ist der Joker nicht mehr zu verwenden. Aber wer liebt nicht das sportliche Risiko, nur so kann man gewinnen!

NUN ZU DEN PUNKTEN:

Slalom	5 Punkte
Kontaktzonengeräte: A-Wand, Steg, Wippe	3 Punkte
beide Tunnel: fester und Stofftunnel	2 Punkte
alle Sprünge: Hürde, Reifen, Mauer, Weitsprung	1 Punkt
Joker	20 Punkte

Die Tunneleingänge sind bei Monopoly nicht gerade – der Tunnel liegt zum Beispiel unter der A-Wand.

Die Laufzeiten für die Passagen werden vor dem Spiel festgelegt; für den ersten Teil etwa 30 bis 45 Sekunden. In dieser Zeit wird der Parcours vom Team abgearbeitet. Anschließend ertönt ein Pfiff vom Zeitnehmer und der Jokerteil beginnt.

Für die Abarbeitung dieses Teils werden, je nach Aufbau, zirka zehn bis 15 Sekunden vorgegeben. In dieser Zeit müssen die Geräte des Jokers abgearbeitet werden. Nach Ablauf dieser Zeit ertönt erneut ein Pfiff.

Ist der Joker bis hierher fehlerfrei abgearbeitet und der Hund am Ziel, kommt der Joker in die Wertung. Andernfalls wird er nicht gewertet.

Als Start und Ziel kommt der Tisch zum Einsatz. Sobald der Hund beim Start mit einer Pfote den Boden berührt, beginnt die Zeit zu laufen. Beim Ziel wird gestoppt, sobald der Hund mit einer Pfote die Tischplatte berührt.

Die Auswertung dieses Spiels ist denkbar einfach. Die vom Team fehlerfrei abgearbeiteten Geräte werden vom Richter dem Schreiber angesagt, der sie in das Protokoll einträgt. Am sinnvollsten werden die Geräte mit Nummern versehen.

Diese Nummern werden vom Richter angesagt, vom Schreiber notiert und im Wertungsbüro in Punkte umgesetzt. Ist der Joker in der Zeit gewesen, werden die Punkte hinzugerechnet. Sieger wird das Team mit den meisten Punkten, die innerhalb der Laufzeit erreicht wurden. Bei gleicher Punktzahl ist die kürzere Laufzeit maßgebend.

Dieses Spiel wird sehr häufig als erstes Spiel bei Turnieren eingesetzt. Es ist wohl das am meisten gelaufene Spiel bei uns.

Für das Monopoly gibt es natürlich einige Variationen, die nachfolgend erklärt sind.

BELGISCHES MONOPOLY

Hier nun eine andere Variante. Sie wurde in Emmendingen vom belgischen Richter Emiel Vervoort vorgestellt.

Basis dieses Spiels ist ein Monopoly wie bereits beschrieben.

Bei der belgischen Variante ist gerade der Joker die Spezialität. Der Joker besteht aus drei verschiedenen Geräten oder Gerätekombinationen.

Diese Geräte sollen in der vorgegebenen Reihenfolge innerhalb der Jokerzeit abgearbeitet werden. Der Hundeführer kann jedoch selbst bestimmen, welche Punktzahl er mit dem Joker erreichen will.

Arbeitet er nur ein Jokergerät ab und geht zum Ziel, werden ihm nur die Punkte dieses Gerätes, in unserem Beispiel zehn Punkte, angerechnet.

Ist er der Meinung, er schafft in der vorgegebenen Zeit auch das zweite Jokergerät, kann er auch diese Punkte, weitere 15 Punkte, hinzusammeln. Das Gleiche gilt

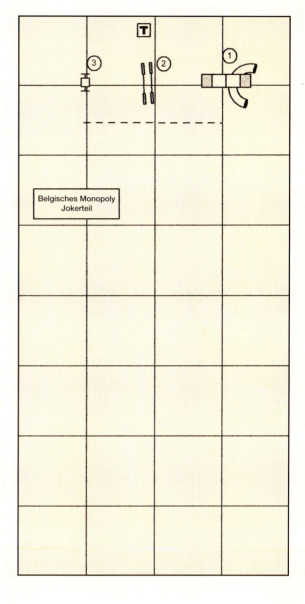

Belgisches Monopoly
Jokerteil

auch für das dritte Gerät, welches mit 20 Punkten belohnt wird. Das Team kann also im Idealfall 45 Punkte im Joker einheimsen.

Macht der Hund oder Hundeführer aber innerhalb des Jokers einen Fehler oder eine Verweigerung, ist der gesamte Joker weg. Auch die Punkte der bereits abgearbeiteten Jokergeräte werden gestrichen.

Der Joker steht am Rand des Feldes und darf während der normalen Parcourszeit nicht benutzt werden.

Er besteht aus drei Geräten oder Gerätekombinationen. Dies können der feste Tunnel und die A-Wand als erste Kombination, wobei der Tunnel als U unter der Wand liegt, ein Doppelsprung als zweiter Jokerteil und als letzter Teil der Reifen sein.

Es sollen drei verschiedene Geräte sein, also zum Beispiel nicht nur Hürden. In der Nähe des Jokers steht der Tisch als Ziel. Er ist von allen drei Geräten direkt zu erreichen.

Der Hundeführer hat ja die Möglichkeit den Joker jederzeit zu beenden und den Hund auf den Tisch, der das Ziel darstellt, zu schicken.

Durch die Teilung des Jokers in drei Abschnitte besteht für den Hundeführer die Möglichkeit, den Parcours besser zu nutzen.

Er muss nicht so frühzeitig vor Ablauf der normalen Spielzeit in der Nähe des Jokers sein um die Jokerzeit voll zu nutzen.

Ist er beim Pfiff weit im Parcours, kann er die Zeit abschätzen und nur ein oder zwei Geräte des Jokers abarbeiten und ins Ziel laufen ohne die Zeit zu überschreiten.

Die Auswertung erfolgt analog der des normalen Monopoly. Das Team mit der höchsten Punktzahl ist der Sieger.

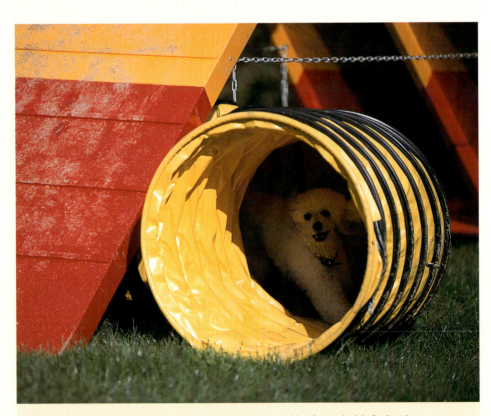

Schnell und sauber gelaufene Joker-Geräte bringen viele Punkte – Fehler aber auch viele Punktverluste.

ANGELAS MONOPOPEL

Wer kennt es nicht, die Berliner Variante des Monopoly, „Angelas Monopopel"? Wer es noch nicht kennt, sollte mal bei meiner Richterkollegin Angela Unger starten. Bei diesem Spiel gibt es immer einen besonderen Joker. Mal ist er als erste Phase eingesetzt, mal am Ende. Die Geräte des Jokers können eine gerade oder im leichten Bogen aufgestellte Sprungkombination am Start sein. Hierbei muss der Hund über die ganze Jokerstrecke abgerufen werden. Ist der Joker am Anfang des Spielverlaufs positioniert, ist das Spiel bei einem Fehler innerhalb des Jokers sofort beendet.

Wir sehen, dass es sehr verschiedene Möglichkeiten gibt, das Monopoly interessant zu gestalten.

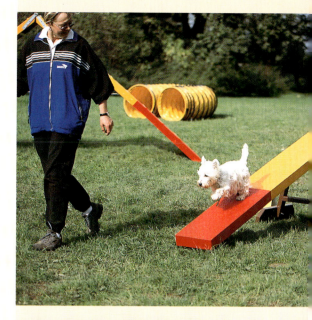

Im Monopoly-Parcours werden Punkte gesammelt ...

NEUHAUSENER GAMBLER

Dieses Spiel wurde in der Schweiz von der Familie Neuhausen entwickelt. Es ist ein sehr schönes Spiel mit guten Aktionen. Es kann auch sehr gut als Teamspiel eingesetzt werden.

Der Parcours ist eine Kombination aus Monopoly und Jumping. Von Hund und Hundeführer muss zunächst ein Monopolyparcours absolviert werden, und zwar in einer vom Richter vorgegebenen Zeit. Wie beim Monopoly auch werden hierbei Punkte gesammelt für jedes fehlerfrei abgearbeitete Gerät. Jedes Gerät kann nur zweimal in die Wertung kommen, und es gibt bei diesem Spiel keinen Joker. Nach Beendigung der Zeit ertönt ein Pfiff durch den Zeitnehmer. Nun geht es sofort ohne

... beim Jumping bringt jeder Fehler einen Punkteabzug.

Aufenthalt in den Jumpingparcours. Die auf dem Weg zum Jumping noch eventuell abgearbeiteten Geräte kommen nicht mehr in die Wertung.

Beim ersten Sprung im Jumping wird die Zeit genommen. Der Parcours muss möglichst fehlerfrei durchlaufen werden. Jeder Fehler wird mit Zeitpunkten bestraft.

Beim Ziel wird wieder die Zeit genommen. Die für diesen Parcoursteil benötigte Zeit, zuzüglich der Fehlerpunkte, wird von den zuerst im Monopolyteil erreichten Punkten abgezogen.

Das Team wird versuchen, diesen Teil möglichst schnell und natürlich fehlerfrei zu absolvieren um den Punktabzug so gering wie möglich zu halten. Das Team mit den meisten verbleibenden Punkten hat gewonnen.

Wie bereits erwähnt, werden im Monopolyteil Punkte gesammelt. Die Wertigkeit der einzelnen Geräte wird vorher vom Richter angegeben.

Die Punkte aller fehlerfrei abgearbeiteten Geräte kommen in die Wertung.

Im Jumpingteil wird jeder Fehler mit fünf Strafpunkten belegt. Eine Disqualifizierung führt zum Ende des Durchlauf. Die Fehlerpunkte werden zur gelaufenen Zeit addiert, dies ergibt die Punkte des Jumpinglaufs.

Nun werden die Punkte des Jumpinglaufs von den erreichten Punkten im Monopolylauf abgezogen. Die verbleibenden Punkte bestimmen die Platzierung. Bei Punktegleichstand entscheidet die Laufzeit im Jumping.

BEISPIEL:	
Monopoly	*37 Punkte*
abzüglich Laufzeit Jumping	*22 Sekunden*
abzüglich Fehler Jumping	*5 Punkte*
verbleibende Punkte	*10 Punkte*

Dieses Spiel eignet sich auch sehr gut als Teamspiel. Hierbei läuft der erste Hund den Monopolyteil. Nachdem der Pfiff des Zeitnehmers ertönt, wird gewechselt und der zweite Hund startet in den Jumpingteil. Die Startfreigabe des zweiten Hundes kann aber auch durch die Übergabe eines Staffelholzes erfolgen. Der zweite Hundeführer hält das Holz und gibt es an den ersten Hundeführer ab, wenn er aus dem Monopoly kommt.

Bei dieser Version können die Teams entsprechend ihrer Stärken eingesetzt werden. Das Team mit den Stärken auf den Kontaktzonen läuft den Monopolyteil. Durch gute Kontrolle des Hundes lassen sich dabei viele Punkte sammeln. Den

ALS BEISPIEL KÖNNTE VORGEGEBEN WERDEN:	
Slalom	*5 Punkte*
Kontaktzonengeräte: A-Wand, Steg, Wippe	*3 Punkte*
Beide Tunnel: fester und Stofftunnel	*2 Punkte*
Alle Sprünge	*1 Punkt*

Jumpingteil wird ein schneller, führiger Hund laufen um eine kurze Laufzeit zu erreichen.

TIME IS OUT

Dieses Spiel wird leider sehr wenig angeboten. Es wird immer bemängelt, dass nach einem Fehler der ganze Spaß schon wieder vorbei ist. Und dieser Fehler kann bereits ganz am Anfang passieren.

Aber genau das ist der Reiz dieses Spiels. Dieses Spiel darf man nicht auf Geschwindigkeit laufen, sondern muss auf Fehlerfreiheit abzielen.

Das Risiko, einen Fehler zu machen, ist genauso hoch wie bei jedem Prüfungslauf auch, nur die Konsequenz ist deutlich härter, nämlich das Ende des Laufes. Gerade bei diesem Spiel kann das Team üben oder unter Beweis stellen, dass es gut harmoniert und der Hund jederzeit unter der Kontrolle des Hundeführers steht. Nur so ist ein fehlerfreier Lauf möglich.

Bei diesem Spiel lässt sich gut die Tagesform des Hundes und die des Hundeführers testen und die Konzentration des Hundes verbessern.

Um die Konsequenzen des schnellen „Aus" etwas abzufedern, gibt es verschiedene Variationen, die weiter unten erklärt werden. Die Devise, gerade beim „Time is Out", ist „nicht brettern, sondern führen". Nun zu dem Spiel selber:
Es wird ein Agilityparcours wie üblich aufgebaut, in etwa der Leistungsklasse A2.

Jeder Fehler des Hundes bedeutet bei diesem Spiel das Ende des Laufes.

Alle Gerätetypen sollen verwendet werden. Bewertet wird entsprechend dem Agilityreglement.

Das Team startet und arbeitet den Parcours in der vom Richter vorgegebenen Reihenfolge ab. Hund und Hundeführer erhalten eine maximal zu nutzende Zeit vorgegeben. Der Zeitnehmer pfeift nach Ablauf der Zeit und das Team muss sofort auf dem kürzesten Weg zum Ziel. Dort wird dann die tatsächliche Laufzeit genommen.

Arbeitet der Hund nach dem Pfiff auf diesem Weg noch Geräte ab, kommen diese natürlich nicht in die Wertung. Das Team verliert dadurch jedoch Zeit, die seine Gewinnchancen verschlechtern. Alle bis zum Abpfiff fehlerfrei abgearbeiteten Geräte werden bewertet.

Ist das Team so schnell und schafft den gesamten Durchlauf, ohne dass die Zeit abgepfiffen wurde, beginnt es von vorne und läuft eine weitere Runde bis zum Ende der Zeit.

Wenn das Team während des Durchgangs einen Fehler macht, wird der Lauf vom Richter durch Pfiff beendet. Als Fehler gelten alle Parcoursfehler, Gerätefehler, Verweigerungen und Disqualifikationen.

Auch in diesem Fall muss das Team sofort zum Ziel um die Zeit stoppen zu lassen. Es kommen natürlich auch jetzt nur die Geräte in die Wertung, die bis zum Abpfiff fehlerfrei abgearbeitet wurden.

Sobald ein Pfiff ertönt, gleichgültig ob vom Zeitnehmer bei Beendigung der Zeit oder vom Richter bei einem Fehler, muss also das Team sofort den Lauf beenden und der Hund auf dem schnellsten Weg durch das Ziel geführt werden. Bewertet werden die bis zum Abpfiff fehlerfrei abgearbeiteten Geräte.

Die Geräte werden nur gezählt und sind nicht mit verschiedenen Punkten belegt wie beim Monopoly. Das Team mit der höchsten Anzahl von fehlerfrei abgearbeiteten Geräten hat dieses Spiel gewonnen. Bei gleicher Anzahl von Geräten ist die benötigte Laufzeit bestimmend für die Platzierung.

Auch dieses Spiel lässt sich in verschiedenen Variationen spielen.

TEAMSPIEL

Als Teamspiel kann ein Wechsel nach dem ersten Fehler erfolgen. Der erste Hund verlässt den Parcours beim ersten Fehler. Hund und Hundeführer laufen zum Ziel. Sobald der Hund das Ziel erreicht hat, startet der zweite Hund.

Er setzt dort den Lauf fort, wo der Fehler auftrat. Macht dieses Team ebenfalls einen Fehler, ist das Spiel zu Ende und es muss zum Ziel zur Zeitmessung laufen.

Ein zweiter Wechsel ist nicht möglich. Wenn der erste Hund den Parcours fehlerfrei abgearbeitet hat und die maximale Zeit ist noch nicht erreicht, muss gewechselt werden.

Es startet dann der zweite Hund in die neue Runde. Ein weiterer Wechsel bei Fehlern ist dann nicht mehr möglich.

Bei einer weiteren Variante muss das zweite Team nicht an der Fehlerstelle einsetzen, sondern kann von vorne beginnen. Aber erst dann, wenn das erste Team den Parcours verlassen hat.

PUNKTE SAMMELN

Diese Variante ist kein Teamspiel, sondern es arbeitet nur ein Hund mit Hundeführer. Die Geräte werden mit Punkten belegt. Bei 20 Geräten hat das erste Gerät 20 Punkte, das zweite Gerät 19 Punkte, und so fort. Damit wird erreicht, dass das Team zunächst sehr konzentriert arbeitet, um möglichst die Geräte mit hoher Punktzahl fehlerfrei zu arbeiten. Am Ende des Parcours wird dann mehr auf Zeit und Risiko gearbeitet.

ZWEI IM QUADRAT

Dieses Spiel ist ein Teamspiel, bei dem sich zwei Hunde mit Hundeführern zusammenfinden, die dann miteinander um den Sieg spielen.

Es können sowohl gleiche Größenklassen als auch unterschiedliche Größen zusammen antreten. Bei letzterem werden die Geräte auf die niedrigste Höhe der teilnehmenden Hunde gelegt.

Sinn des Spieles ist es, einen Parcours fehlerfrei mit beiden Teams zu absolvieren, das heißt, es muss zweimal der Parcours durchlaufen werden. Aber da liegt auch schon das Problem.

Start und Ziel sind ein auf dem Boden abgegrenztes Quadrat. Es kann aus vier Sprungstangen gelegt werden und hat dann eine Größe von etwa 1,20 Meter mal 1,20 Meter. Beide Hunde müssen ohne Leine und Halsband in dieses Quadrat. Welche Position sie dort einnehmen ist gleichgültig. Die Hundeführer dürfen während des ganzen Spiels nicht in das Quadrat treten und den Hund nicht anfassen.

Der erste Hund startet aus diesem Feld heraus und läuft den Parcours ab. Läuft er fehlerfrei durch, kommt er wieder im Quadrat an. Erst wenn er mit allen vier Pfoten wieder in diesem Feld ist, startet der zweite Hund. Er läuft den gleichen Weg ab und muss auch wieder im Quadrat seinen Lauf beenden. Dann wird die Zeit gestoppt und das schnellste Team hat gewonnen.

Die Hundeführer sind draußen, die Hunde drinnen im Quadrat. Der erste Hund ist hier den Parcours bereits gelaufen ...

... sobald er alle vier Pfoten wieder im Quadrat hat, darf der zweite Hund zu seinem Lauf starten.

Wenn die Hunde während ihres Laufs einen Fehler oder eine Verweigerung durch Pfiff angezeigt bekommen, müssen die Hunde wechseln. Der Hund, der den Fehler gemacht hat, muss auf dem kürzesten Weg in das Quadrat zurück. Erst dann kann der andere Hund aus dem Quadrat zu dem fehlerhaft gearbeiteten Gerät geführt werden. Er setzt von dort den Weg fort, entweder den ganzen Parcours oder bis auch er einen Fehler macht und ein erneuter Wechsel erfolgen muss. Ist der Parcours einmal umrundet und der zuletzt laufende Hund ist im Quadrat, startet der andere in den Parcours. Ist der gerade gelaufene Hund durch einen Wechsel aber schon der zweite Hund, muss er durchlaufen. Es darf sich während des Durchgangs immer nur ein Hund im Parcours bewegen. Der andere Hund hat im Quadrat auf seinen Einsatz zu warten. Wenn der ruhende Hund das Quadrat zu früh verlässt, müssen beide Hunde erst wieder ins Quadrat, bevor der Wechsel vollzogen werden kann.

Dieses Spiel eignet sich gut als Zeitfüller nach einer Prüfung bis zur Siegerehrung. Durch die häufig stattfindenden Wechsel im Parcours hat das Spiel sehr viel Aktion und reißt die Zuschauer mit.

Die Auswertung ist sehr einfach und kann schnell durchgezogen werden. Für die Bewertung ist nur die Zeit maßgebend, die benötigt wird, bis beide Hunde den Parcours durchlaufen haben. Die Fehler werden nicht bewertet, da sie durch den Wechsel mit Zeit abgestraft werden. Eine Disqualifizierung wird wie ein Fehler bewertet, das heißt es muss gewechselt werden.

Es sollte ein flüssiger, nicht zu schwerer Parcours sein, aufgestellt als großer Bogen oder in Form einer Schleife oder Acht. Zwischen den Geräten soll genügend Platz vorhanden sein, um den Hunden und Hundeführern den Wechsel zu ermöglichen. Die Zeit wird genommen, sobald der erste Hund das Quadrat verlässt und der zweite Hund mit allen Pfoten wieder im Quadrat ist.

POWER AND SPEED, „KRAFT UND GESCHWINDIGKEIT"

Power and Speed, ein aus England stammendes Spiel, ist ein Wettbewerbsspiel, bei dem die Einflussnahme auf die Geschwindigkeit des Hundes von großer Bedeutung ist. Das Spiel demonstriert die Fähigkeit des Hundeführers, richtige Kontrolle (power) über seinen Hund während eines Streckenabschnitt auszuüben und den Hund durch einen anderen Streckenabschnitt schnell zu führen, ohne dabei die Kontrolle zu verlieren (speed).

Power and Speed eignet sich ausgezeichnet als Trainingseinheit im eigenen Verein. Hier lernt der Hundeführer, die Geschwindigkeit des Hundes zu kontrollieren und gezielt einzusetzen. Und das nicht nur über ein oder zwei Geräte hinweg, sondern über eine längere Distanz im Parcours. Bei den üblichen Parcours erfolgt diese gezielte Kontrolle häufig immer nur über eine kurze Gerätefolge. Hier ist es jedoch erforderlich, den Hund über eine längere Sequenz in dieser Form zu beeinflussen.

Von diesem Spiel gibt es mehrere Varianten. Hier zunächst das englische Original.

Jeder Hund durchläuft unter Anleitung seines Hundeführers einen Parcours, der in zwei Abschnitte gegliedert ist, in „Power" und in „Speed".

Power:

Dieser Streckenabschnitt besteht aus Kontaktzonengeräten wie A-Wand, Steg und Wippe. Weitere Geräte sind der Slalom und einige andere.

Das Ziel des Spiels ist es, den Hund ohne Fehler durch diese Strecke zu führen. Der Streckenabschnitt „Power" geht nicht auf Zeit, es wird keine Zeit genommen. Aber jeder Hund erhält fünf Strafsekunden für einen Fehler oder eine Verweigerung.

Speed:

Der „Speed"-Abschnitt besteht aus einer einfachen Abfolge von zirka zehn Einzelsprüngen und den beiden Tunneln. Das Ziel für den Hund ist es, so schnell wie möglich durch den Abschnitt zu laufen, natürlich am besten ohne Fehler. „Speed" läuft auf Zeit. Fehler werden mit je fünf Strafsekunden zu der tatsächlichen Laufzeit addiert.

Die Höchstlaufzeit für beide Abschnitte beträgt zusammen etwa 60 bis 80 Sekunden. Wenn beide Streckenabschnitte nicht innerhalb dieser Zeit abgeschlossen werden, scheidet das Team aus.

Es müssen also zwei Zeiten gemessen werden: die Gesamtlaufzeit, um die maximale Zeit festzustellen, und die Speed-Zeit, um die Laufzeit in diesem Abschnitt zu ermitteln. Die Zeitmessung beginnt mit dem ersten Sprung dieses Teils und endet mit dem letzten Sprung.

Der Punktestand von Power and Speed wird ermittelt, indem die Zeit des Speed mit allen Fehlern addiert wird. Anschließend werden die Fehler des Power-Abschnittes als Strafsekunden hinzu addiert. Der Hund mit der niedrigsten Punktzahl gewinnt.

Hier ein Beispiel:

Angenommen, ein Hund macht einen Fehler an der A-Wand im Power-Abschnitt und durchläuft dann die Speed-Strecke in 17,2 Sekunden. Sein Endpunktestand würde 22,2 Sekunden betragen (ein Fünf-Sekunden-Fehler aus dem Power-Abschnitt plus 17,2 Sekunden aus Speed).

Verweigerungen werden wie Fehler gewertet; drei Verweigerungen führen zur Disqualifizierung.

Die Auswertung lässt sich gut über die Auswertung des Jumping in den vorhandenen PC Auswertungen fahren. Es braucht nur die Standardlaufzeit auf Null gesetzt werden, dann wird die Laufzeit als Zeitfehler zu den Gerätefehlern addiert und das Gesamtergebnis liegt vor.

In „Power" sollten die Hindernisse in einer schwierigen Reihenfolge aufgebaut werden. Hier soll ja die Kontrolle über den Hund demonstriert werden.

Der Speed-Teil der Route sollte die Höchstleistung an Geschwindigkeit herausfordern. Aber noch wichtiger ist, dass dieser Teil des Rennens fließend abläuft und Höchstgeschwindigkeiten ermöglicht werden.

Bei einer anderen Variante des Spiels wird vorgegeben, dass der Power-Teil fehlerfrei absolviert werden muss. Jeder Fehler in diesem Teil führt zur Disqualifizierung des Teams. Der Power-Teil besteht hierbei aus weniger Geräten, in jedem Fall aber den Kontaktzonengeräten.

TIEFES ELEND

Dies ist ein Spiel mit sehr viel Aktivität im Parcours. Es handelt sich um eins der wenigen Teamspiele, bei dem sich mehrere Hunde und Hundeführer gleichzeitig im Parcours befinden. Es ist sehr publikumswirksam und eignet sich gut für Veranstaltungen und Vorführungen, sollte aber auch mehr bei Prüfungen eingesetzt werden. Bei der Verwendung innerhalb einer Vorführung vor Publikum muss die Spielregel erklärt werden. Diese Aufgabe sollte ein gut informierter Platzsprecher vornehmen, der auch das gesamte Spiel kommentieren kann, denn ein uninformierter Zuschauer verliert sehr leicht das Interesse. Aber gerade bei diesem Spiel können wir gut demonstrieren, wie sozialverträglich gut erzogene Hunde sind.

Das Spiel habe ich in Holland kennen gelernt und bin immer wieder begeistert, wenn es durchgeführt wird. Da sich mehrere Hunde im Parcours befinden, ist ein gutes, soziales Verhalten der Hunde angezeigt. Bei diesem Spiel zeigt sich außerdem, wie weit der Hund im Gehorsam ist, obwohl sich andere Hunde im Parcours bewegen. Er möchte sicher gerne mit ih-

nen spielen und über den Platz toben. Also ist üben angesagt, damit der Hund auch unter diesen Bedingungen im Gehorsam bleibt.

Im Verein, als Training gespielt, wird die richtige Einschätzung der Leistungsfähigkeit der Teams gefördert. Aber auch die genaue Kenntnis der eigenen Leistung und die des Hundes wird geschult. Es sollen ja in den einzelnen Segmenten des Parcours die Teams mit den entsprechenden Möglichkeiten eingesetzt werden.

Es finden sich für dieses Spiel drei oder mehr Teams zu einer Spielgruppe zusammen. Diese Gruppe kämpft gemeinsam um den Sieg. Wenn ausreichend Teams vorhanden sind, können die Gruppen getrennt nach maxi, midi und mini zusammengesetzt werden. Es kann aber auch gemischt werden, dann werden die Geräte auf mini beziehungsweise midi gestellt.

Alle Teams der Gruppe befinden sich gleichzeitig im Parcours. Der Parcours wird von der Gruppe eigenständig in verschiedene Segmente aufgeteilt. Diese Segmente werden von jeweils einem Team abgearbeitet, dann läuft das nächste Team das nächste Segment ab, und so fort.

Als Beispiel: Das erste Team arbeitet vom Start bis Gerät 6, das zweite Team arbeitet von Gerät 7 bis 11, das nächste Team von Gerät 12 bis 18. Das nächste Team darf erst dann in seinem Segment starten, wenn das letzte Gerät vom vorherigen Team abgearbeitet ist. Die Einteilung wird nicht vorher angezeigt. Durch die eigene Zuordnung kann die Spielgruppe die Stärken und Schwächen der einzelnen Teams ausgleichen, das heißt schnelle

Slalomhunde arbeiten im Slalom, gute und auf den Kontaktzonen sichere Hunde werden dort eingesetzt. Jedes Segment muss jedoch aus mindestens zwei Geräten bestehen, die von dem dort eingesetzten Team hintereinander abgearbeitet werden müssen. Jedes Team kann in diesem Spiel mehrmals eingesetzt werden, muss aber mindestens einmal antreten. Die Teams können sich vor dem Start im Parcours frei postieren und nach dem Start frei bewegen, am sinnvollsten dort, wo das für sie geplante Segment beginnt. Die Hunde tragen kein Halsband. Die nicht arbeitenden Hunde können im Fell festgehalten und geführt werden, sie dürfen aber bei einer Standortveränderung im Parcours keine Geräte nutzen. Dies darf nur der gerade arbeitende Hund.

Soweit der mögliche Spielablauf, wie er von der Gruppe geplant werden kann. Das „tiefe Elend" beginnt aber erst nach dem Start ...

Die Bewertung erfolgt analog dem Agility-Reglement. Fehler und Verweigerungen werden bei diesem Spiel vom Richter durch Pfiff angezeigt. Disqualifizierungen werden mit 20 Fehlerpunkten bewertet. Drei Verweigerungen führen jedoch nicht zur Disqualifikation. Das Ziel ist erreicht, wenn alle Geräte abgearbeitet wurden und der Hund, der das letzte Segment abgearbeitet hat, im Ziel, das heißt auf dem Tisch ist. Die anderen Teams können sich noch im Feld aufhalten. Die Fehlerpunkte werden zu der gelaufenen Zeit addiert.

Die Gruppe mit den wenigsten Punkten hat dieses Spiel gewonnen. Soweit die Spielregeln.

Der erste Hund wird hier nach dem Tunnel abgerufen, der Pudel soll übernehmen ...

... aber er ist noch nicht so ganz bei der Sache ...

... jetzt geht er in seinen Parcours ...

... und mag eigentlich noch gar nicht aufhören.

Nun kommt das „tiefe Elend": Start und Ziel ist der Tisch. Der erste Hund startet um sein Segment abzuarbeiten. Die anderen Hunde sind im Parcours verteilt und warten auf ihren Einsatz. Werden keine Fehler gemacht, läuft alles wie geplant. Wird jedoch ein Fehler gemacht, verweigert oder disqualifiziert, erfolgt vom Richter ein Pfiff. Damit muss sofort an dieser Stelle das Team gewechselt werden. Das neu eingesetzte Team arbeitet den Parcours weiter, mindestens zwei oder mehr Geräte. Ertönt erneut ein Pfiff, weil ein Fehler gemacht wurde, muss wieder gewechselt werden.

Aber nicht zurück auf das erste Team, sondern es muss immer wieder ein neues Team eingesetzt werden (außer es laufen nur zwei Teams in der Gruppe). Haben alle schon mal gewechselt, beginnt die Reihenfolge von vorn, zum Beispiel Team 1 – Wechsel – Team 2 – Wechsel – Team 3 – Wechsel – bei drei Teams wieder Team 1. Und so setzt sich der Spielablauf fort. Durch diese Wechsel ist sehr viel Aktion im Parcours. Die Gruppe ist bestrebt, den zunächst geplanten Ablauf wieder zu finden, was jedoch auf Grund immer wieder neuer Fehler kaum möglich ist. Das Elend ist perfekt und das Schicksal nimmt seinen Lauf.

Es wird ein flüssiger Parcours aufgebaut, der nicht zu schwer ist. Er soll sich gut in Segmente aufteilen lassen, und er sollte nicht zu eng stehen, da sich die nicht arbeitenden Teams frei im Parcours bewegen müssen. Weil mehrere Teams den Parcours abarbeiten, können auch mehr Geräte eingesetzt werden als allgemein

üblich. Es hat sich bewährt, je Team etwa acht bis zehn Geräte zu nehmen. Bei drei Teams je Spielgruppe sind das 24 bis 30 Geräte. Der Tisch als Start und Ziel kann am Rand, aber auch im Parcours angeordnet sein.

Die Strategie dieses Spiels ist es, immer wieder zu versuchen, trotz der durch Fehler aufgezwungenen Wechsel den geplanten Einsatz wieder zu finden. Es sollen ja eigentlich die Teams entsprechend ihrer Stärken die Segmente abarbeiten. Es erfordert eine schnelle Reaktion und Absprache während des Spielverlaufs, dieses zu erreichen. Und wie es dann so geht im Leben: Kaum hat man den Rhythmus wiedergefunden, passiert erneut ein Fehler und das Elend geht von vorne los.

Ich hoffe, dass jetzt benachbarte Vereine auf die Idee kommen, dieses Spiel als Vereinswettkampf zu spielen. Aus jedem Verein bilden sich Gruppen, die gegeneinander spielen. Die Revanche läuft dann zwei Wochen später im anderen Verein. Das wär's doch!

VERFOLGUNGSJAGD

Bei diesem Spiel laufen zwei Teams gleichzeitig gegeneinander. Es kann normal ausgewertet werden, nach den erreichten Punkten, aber auch im K.O.-System.

Das Ergebnis wird in zwei Durchgängen ermittelt. Die Starter-Paare können in der Reihenfolge der Startnummern oder durch Auslosung bestimmt werden. Es können auch alle Größenklassen gemeinsam laufen, das heißt, die Sprunghöhen werden auf mini oder midi gelegt.

Durch die zwei gleichzeitig arbeitenden Hunde im Parcours ist das Spiel für Zuschauer spannend. Durch lautstarke Unterstützung der laufenden Teams entsteht auch eine gute Atmosphäre.

Der Parcours besteht aus einem äußeren Ring, dem so genannten Zeitring, und einem inneren Feld, dem Punktefeld, in dem die Punkte gesammelt werden. Während der eine Hund durch seine Geschwindigkeit im äußeren Zeitring die Zeit bestimmt, versucht der andere Hund in der gleichen Zeit im inneren Feld möglichst viele Punkte zu sammeln. Im zweiten Durchlauf werden die Positionen gewechselt, jedes Team läuft einmal auf Zeit und einmal auf Punkte.

DAS SCHEMA SIEHT WIE FOLGT AUS:		
	Team A	**Team B**
1. Durchgang	ist Zeithund	ist Punktehund
2. Durchgang	ist Punktehund	ist Zeithund

Beide Hunde starten gleichzeitig. Der Zeithund durchläuft den äußeren Ring, möglichst schnell, aber fehlerfrei. Zeitgleich läuft das andere Team im inneren Feld als Punktehund.

Es versucht in der gleichen Zeit möglichst viele Geräte in der mit Nummern vorgegebenen Folge fehlerfrei abzuarbeiten. Jedes Gerät ist ähnlich wie bei Mo-

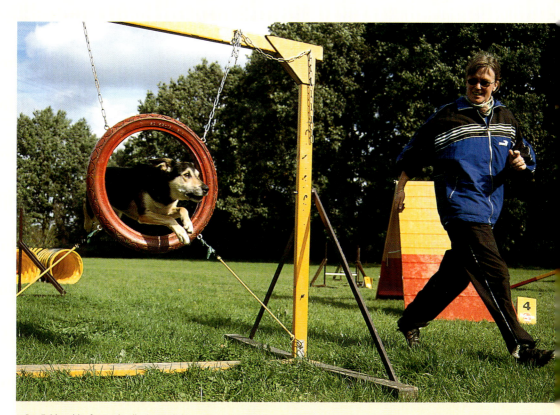

Der Zeithund läuft so schnell wie möglich ...

... denn er bestimmt so, wie viel Zeit der gleichzeitig laufende Punktehund hat.

nopoly mit einer Punktzahl belegt, diese Punkte werden addiert. Wenn der Zeithund den äußeren Lauf beendet hat und durch das Ziel läuft, wird dies durch einen Pfiff angezeigt.

Der Punktehund muss seinen Lauf sofort beenden. Nur die Punkte bis zu diesem Ende werden gewertet. Der Punktehund kann den Parcours auch mehrmals durchlaufen, wenn der Zeithund das Ziel noch nicht erreicht hat. Nun wechselt das Paar.

Der Zeithund läuft jetzt als Punktehund, der Punktehund des ersten Durchgangs läuft jetzt als Zeithund. Die Ergebnisse beider Durchgänge werden addiert.

Die Strategie ist, als Punktehund möglichst viele Punkte zu sammeln, während der Gegner, der ja zeitgleich als Zeithund läuft, versucht, die zur Verfügung stehende Zeit durch einen schnellen Lauf so kurz wie möglich zu halten.

Basis der Bewertung ist das Agilityreglement.

Der Punktehund muss auch schnell sein ...

... aber vor allem fehlerfrei laufen und so Punkte sammeln

NUN DIE SPIELREGELN:

Die Punkte für die Geräte im Punkteteil werden festgelegt:

Sprünge	*1 Punkt*
Tunnel	*2 Punkte*
Kontaktzonen	*3 Punkte*
Slalom	*5 Punkte*

Punktehund: *Gepunktet werden nur die Geräte, die fehlerfrei abgearbeitet wurden innerhalb der vom Zeithund vorgegebenen Zeit. Verweigerungen müssen natürlich korrigiert werden. Disqualifizieren ergibt 20 Strafpunkte, die vom Endstand abgezogen werden. Der Hund kann aber weiterlaufen.*

Zeithund: *Hier werden keine Punkte gesammelt. Der Lauf muss aber fehlerfrei sein. Jeder Fehler und jede Verweigerung wird mit fünf Strafpunkten belegt, Disqualifizierungen ebenfalls mit 20 Strafpunkten. Diese Strafpunkte werden von den Punkten aus dem Punktelauf des gleichen Hundes abgezogen.*

Sieger ist bei diesem Beispiel Team B. Bei Punktegleichheit entscheidet die kürzere Zeit, die dem Punktehund zur Verfügung stand. Beide Parcours haben Start und Ziel getrennt. Eine Zeitnahme ist nur bei dem äußeren Parcours, dem Zeithund, erforderlich. Der Innenkurs ist ein kleines Feld, in dem alle Arten von Hindernissen aufgebaut werden können. Die Anzahl sollte auf zehn bis zwölf Geräte beschränkt werden. Es soll ein leichter Parcoursverlauf sein. Die Reihenfolge wird vom Richter durch Nummerierung vorgegeben. Der Außenkurs ist ein großer Bogen in Form eines U. Auch hier genügen zehn bis zwölf Geräte. Durch geschicktes Aufstellen ist eine Nummerierung nicht unbedingt erforderlich. Dieser Kurs besteht in der Hauptsache aus Sprüngen und Tunneln, um eine hohe Geschwindigkeit zu ermöglichen. Es sollte aber auch eine Kontaktzone enthalten sein, um eine Kontrolle des Hundes zu erzwingen. Der Slalom kann in nur einem Parcours, aber auch getrennt mit jeweils sechs Stangen in beiden enthalten sein.

Beispiel eines Spielverlauf:

Team A		Team B	
1. Durchgang			
Als Zeithund Laufzeit 22 Sekunden		**Als Punktehund** zur Verfügung stehende Zeit 22 Sekunden	
1 Fehler	5 Strafpunkte	Gerätepunkte	27 Pluspunkte
2. Durchgang			
Als Punktehund zur Verfügung stehende Zeit 24 Sekunden		**Als Zeithund** Laufzeit 24 Sekunden	
Gerätepunkte	30 Pluspunkte	Keinen Fehler	0 Strafpunkte
Summe	25 Pluspunkte	Summe	27 Pluspunkte
Disqualifizierungen keine		Disqualifizierungen keine	

Das Spiel kann als Auswertung aller Teams erfolgen. Das Team mit den meisten Punkten in der kürzesten Zeit hat gewonnen. Es kann aber auch sehr gut im K.O.-System gewertet werden: Nach jeweils den zwei erforderlichen Durchgängen scheidet das Team mit den geringsten Punkten aus. Das andere Team kommt in die nächste Runde.

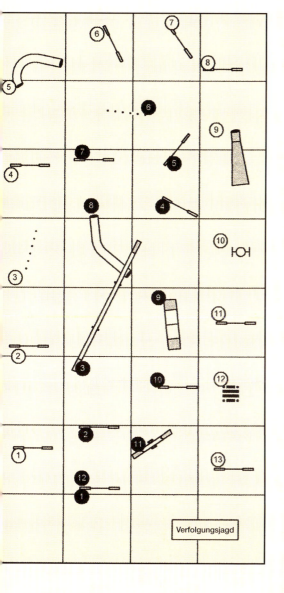

Verfolgungsjagd

MINIATUR-GOLF

„Miniatur-Golf" ist als Gruppenspiel mit drei oder vier Teams zu spielen. Die Teams laufen nacheinander einen bestimmten Parcours ab, auf dem drei verschiedene Strecken aufgebaut sind.

Eine Strecke besteht in der Hauptsache aus Kontaktzonengeräten, eine weitere aus Slalom, Reifen, Mauer und Sprüngen und die dritte Strecke nur aus Sprüngen. Start ist eine Hürde. Jede Strecke besteht aus zehn bis zwölf Geräten.

Das Besondere bei diesem Spiel besteht darin, dass der Hundeführer den Hund in den Parcours schickt und der Hund durch das Durchqueren eines bestimmten Tunnels den Weg bestimmt.

Jede Strecke beginnt nach der Starthürde mit einem Tunnel. Diese drei Tunnel liegen nebeneinander lang unter der A-Wand.

Der mittlere Tunnel ist etwas weiter nach vorne angeordnet. Um die Tunneleingänge wird ein Bereich von zirka zwei Metern als Verbotszone gekennzeichnet. In diesen Bereich darf der Hundeführer nicht eintreten.

Geht der Hund in den linken Tunnel, muss der Parcours mit den Kontaktzonen abgearbeitet werden. Läuft der Hund in den mittleren Tunnel, muss der Parcours mit den Sprüngen gearbeitet werden. Verschwindet der Hund im rechten Tunnel, ist die Strecke mit dem Slalom abzuarbeiten. Es ist gleichgültig, wie oft das Spielteam den gleichen Tunnel benutzt. Alle drei oder vier Teams können den gleichen Tunnel nutzen.

Für eine Gruppe wird eine Zeit vorgegeben. Die Hunde starten jeweils dann, wenn der vorher laufende Hund komplett durch das Ziel gekommen ist. Überschreitet die Gruppe die Zeitvorgabe, wird sie mit Fehlerpunkten für jede Sekunde bestraft. Weitere fünf Strafpunkte gibt es für Fehler und Verweigerungen im Parcours. Drei Verweigerungen führen nicht zur Disqualifizierung.

Aber: Für den Eintritt eines Hundeführers in die Verbotszone gibt es beim ersten Mal 15 Strafpunkte, und beim zweiten Mal wird die Spielgruppe disqualifiziert, auch wenn es ein anderer Hundeführer dieser Spielgruppe ist, der in die Verbotszone tritt. Bei diesem Spiel können aber auch Pluspunkte gesammelt werden.

Beim Lauf durch den Weg mit den Kontaktzonen gibt es für jedes fehlerfrei gearbeitete Kontaktzonengerät fünf Pluspunkte. Läuft der Hund durch den Parcours mit dem Slalom, erhält das Team für die fehlerfreie Durchquerung des Slaloms zehn Punkte.

Die Gruppe mit den meisten Punkten hat dieses Spiel gewonnen.

Miniatur-Golf kann natürlich auch nur mit zwei Teams gespielt werden. Auch ein Wettstreit von einzelnen Teams ist möglich.

Aber immer wird der Weg durch den Tunnel bestimmt, den der Hund durchquert.

Stehen dem Ausrichter nur zwei Tunnel zur Verfügung, kann auf den dritten Weg verzichtet werden, aber spannender ist das Spiel bei Verwendung von drei Tunnels. Die Vereine können sich bestimmt beim Nachbarverein einen Tunnel leihen.

CLOCKWATCHERS

Clockwatchers, bei dem alle Hindernisse im Kreis aufgebaut werden, ist ein alter Favorit in Europa, Australien und Neuseeland, und garantiert ein großes Vergnügen für Zuschauer und Teams. Wenn zwei Hunde und Hundeführer im gleichen Le-

Miniatur-Golf

Mit kleinen Hunden kann auch von einem Tisch gestartet werden.

Ein Team startet nach links, das andere nach rechts.

Auf eine Einsprunghürde in den Kreis kann auch verzichtet werden.

Jetzt verfolgen sich die beiden Teams einmal um den Kreis.

Sobald ein Hund auf dem Tisch ist, wird seine Zeit gestoppt.

vel sind, kann dieser Wettkampf ziemlich spannend werden. Bei der Planung dieses Spiels sollte darauf geachtet werden. Clockwatchers ist eines der wenigen Spiele, bei dem zwei Hunde im gleichen Parcours zur gleichen Zeit laufen.

Beide Teams verfolgen sich dabei über den Kreis der Hindernisse, die in Form einer Uhr aufgebaut sind. Die zwei Hunde starten in der Mitte des Kreises, wenn möglich von Tischen. Ein Team startet nach vorne, das andere Team in entgegengesetzter Richtung.

Beide laufen erst geradeaus auf eine Hürde zu und dann nach rechts in den Verlauf des Kreises. Die Hunde rennen einmal im Uhrzeigersinn um die Bahn, bis jeder Hund wieder dort angelangt ist, wo er begonnen hat. Nachdem die letzte Hürde im Kreis genommen worden ist, muss sich jeder Hund nach rechts wenden und über die Hürde zurück rennen, von wo aus er gestartet ist. Jeder Hund endet so auf seinem ursprünglichen Starttisch.

Während des Laufes muss ein langsamerer einem schnelleren Hund den Vortritt lassen.

Clockwatchers wird nach dem K.O.-Rundensystem gespielt. Der Verlierer einer Runde scheidet aus, der Gewinner tritt gegen den Gewinner einer anderen Paarung erneut an.

Im Spiel werden Zeit und Fehler gezählt. Der Hund mit der niedrigsten Fehlerpunktzahl gewinnt, ungeachtet der Tatsache, welcher Hund als Erstes wieder am Ausgangspunkt zurück war. Im Falle eines Unentschieden entscheidet die Zeit über den Gewinner.

Es kommt also nicht auf die Laufgeschwindigkeit an, sondern auf Fehlerfreiheit. Wie im richtigen Agility eben auch.

Jedem Hund wird ein Schiedsrichter zugeteilt, der die jeweiligen Fehler des Hundes anzeigt. Gestartet wird zeitgleich. Jeder Richter bekommt einen eigenen Zeitnehmer und Schreiber, der die Daten dokumentiert.

Etwa zwölf Hindernisse werden in einem kreisförmigen Parcours, der 25 bis 30 Meter im Durchmesser misst, aufgebaut. In der Mitte des Kreises werden zwei Tische mit zwei Sprüngen als Einlauf und Auslauf in den Kreis aufgestellt.

Diese Hindernisse werden nicht gezählt. Jeder Hund muss zunächst die erste Hürde nehmen, um dann den Weg nach rechts in die Bahn einzuschlagen.

Das erste und das letzte Hindernis für jeden Hund muss eine Hürde sein, sodass im Start- und Zielfeld für jeden Hund die Hindernisse ein T bilden.

Jeder Start- beziehungsweise Zieleinlauf ist das Spiegelbild der Gegenseite. Nach diesem Start- und Zieleinlauf können die Schiedsrichter den Parcours gemäß ihren Vorstellungen aufbauen.

An Stelle von Starttischen können auch Markierungsstäbe genommen werden; der Vorteil bei Tischen liegt nur darin, dass die Zuschauer einen besseren Überblick haben, gerade weil Clockwatchers

vor allem für Zuschauer sehr interessant ist. Wenn Stäbe genutzt werden, sollte darauf geachtet werden, dass zwischen den verschiedenen Start- und Ziellinien sehr viel Platz ist. Falls nämlich die Markierungen zu eng gesetzt sind, kann es passieren, dass zwei aufgeregte Hunde die Ziellinie zur selben Zeit passieren und ineinander laufen.

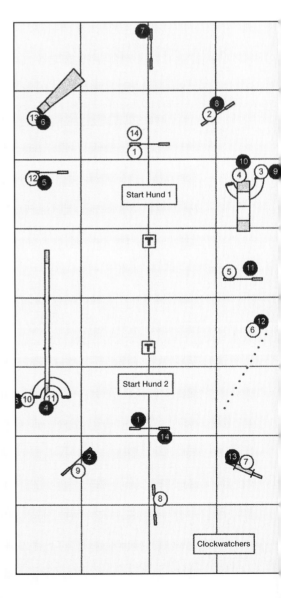

CHASER

In der Chaser-Variation durchlaufen zwei Hund-Hundeführer-Teams eine achtförmige Bahn. Die Teams starten zeitgleich, im Beispiel das Team 1 bei Gerät 1 und das Team 2 bei Gerät 14. Das Ziel ist es, das andere Team zu fangen, das heißt einzuholen und in derselben Zeit nicht gefangen zu werden. Jeder Hund rennt so lange durch den Parcours, bis

1.) ein Team gefangen ist,
2.) drei Minuten abgelaufen sind,
3.) ein Team 20 oder mehr Fehlerpunkte gemacht hat.

In dem Falle, dass das Spiel endet, weil die Zeit abgelaufen ist und kein Hund gefangen worden ist oder ein Team 20 Fehlerpunkte gemacht hat, gewinnt der Hund mit den wenigsten Fehlern.

MOVE OVER ROVER

Diese Variante wird in den USA „Kreis-K.O." genannt. Der Unterschied besteht darin, dass die zwei Hunde im runden oder ovalen Parcours um die Wette laufen.

Der Move Over Rover-Parcours besteht hauptsächlich aus Sprüngen, Tunneln oder, wenn doppelt vorhanden, Kontaktzonengeräten, die für einen gleich aufgebauten Parcours sorgen. Der Wettstreit basiert im Allgemeinen auf K.O.-Ausscheidung.

CATCH ME IF YOU CAN

Diese Variation von Clockwatchers, die aus England stammt, wird nicht mit K.O.-Runden gespielt. Im Großen und Ganzen werden die Gewinner durch einfache Bewertung von Zeit und Fehlern ermittelt. Der Hund mit der niedrigsten Punktzahl gewinnt.

STAFFELLAUF

Dieses Spiel ist wieder ein Gruppenspiel. Bei diesem Spiel arbeiten zwei oder mehr Teams nacheinander verschiedene Parcours ab. Die Ergebnisse der Läufe werden zusammengezählt und gewertet. Das Spiel eignet sich sehr gut als Wettkampf zwischen verschiedenen Gruppen oder Vereinen.

Der Parcours besteht aus verschiedenen Gerätekombinationen. Es können zwei verschiedene Wege vorgegeben werden (besonders geeignet bei zwei Teams, die miteinander spielen).

Es ist aber auch möglich, drei oder mehr Wege vorzugeben, wenn mehr als zwei Teams in der Gruppe sind. Unabhängig davon können natürlich auch mehrere Teams auf nur zwei verschiedenen Wegen laufen. Dann wird abwechselnd der Weg eins und zwei, dann wieder Weg eins gelaufen.

Im Spielfeld werden für jeden Weg etwa zehn bis zwölf Geräte vorgegeben. Es können in jedem Parcours die gleichen Geräte aufgestellt werden.

Der Streckenverlauf kann aber auch die Nutzung der Geräte durch beide oder mehrere Spielpartner vorsehen. Möglich ist, dass der Slalom von allen Teams durchlaufen werden muss, oder Kontaktzonengeräte.

Der Parcours kann auch so aufgeteilt sein, dass in einem Durchgang nur Sprünge und Tunnel aufgebaut werden und in dem anderen Durchlauf für das zweite Team die Kontaktzonengeräte. Bei einer derartigen Kombination ist der gezielte

Team 1 ist im Parcours, Team 2 wartet im Tauschfeld.

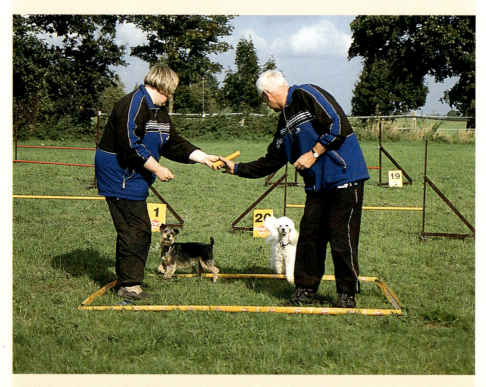

Sind alle Hundepfoten im Feld, darf der Staffelstab weiter gegeben werden ...

... und schon ist das zweite Team auf der Strecke.

Einsatz von Teams entsprechend ihrer Stärken möglich. Bei einer Gruppenbildung von mehr als zwei Teams ist diese Kombination sogar sinnvoll. Sie erhöht die Möglichkeiten der Gruppen und die Spannung über den erwarteten Spielausgang.

Im Parcours wird darüber hinaus ein so genanntes Tauschfeld festgelegt. Es kann am Rande des Spielfeldes markiert werden, aber ebenso in der Mitte des Feldes. In diesem Feld befinden sich alle Teams der Gruppe.

Der Wechsel der Teams erfolgt durch die Übergabe eines Staffelholzes oder von etwas Ähnlichem. Das Staffelholz wird von dem Hundeführer gehalten, der als Nächster startet. Gewechselt werden kann nur,

wenn sich alle Hunde und Hundeführer im Tauschfeld befinden. Die Hunde dürfen in diesem Feld festgehalten werden, sind jedoch ohne Halsband.

Der erste Hund kann am Start abgerufen werden, alle weiteren Teams müssen von der Startlinie, das heißt, aus dem Tauschfeld heraus starten.

Es können auch zwei Tauschfelder definiert werden. Eines befindet sich im unteren Teil des Spielfeldes, das andere im oberen Teil. Der Tausch erfolgt dann jeweils abwechselnd.

Das erste Team startet im Feld eins und läuft durch den Parcours zum Feld zwei. Das zweite Team startet nach dem Tausch der Staffel aus diesem Feld und läuft wieder durch den Parcours zum ersten Feld. Bei zwei Teams in der Gruppe ist hier das Spiel beendet, bei mehreren Teams wird der Vorgang wiederholt.

Sieger dieses Spiels ist die Gruppe, die alle erforderlichen Durchgänge in der kürzesten Zeit mit den geringsten Fehlern absolviert. Jeder Fehler und jede Verweigerung wird mit fünf Strafpunkten der Zeit hinzugerechnet.

Drei Verweigerungen führen nicht zur Disqualifikation, aber eine Disqualifizierung wird mit 20 Strafpunkten belegt, und der Parcours muss auch dann zu Ende gelaufen werden.

Zehn Strafpunkte werden gegeben, wenn das Staffelholz fallen gelassen wird, zwanzig Strafpunkte sind fällig, wenn es geworfen wird.

Eine Variation dieses Spiels lässt in begrenztem Umfang zu, dass der Hundeführer seinen Weg über die Hindernisse zum Teil selber bestimmt. Dafür wird der Parcours in Form von zwei etwa gleichen Kreisen angeordnet.

Nach einem halben Kreis wird ein zweiter möglicher Weg als Durchmesser aufgebaut, und zwar aus Hindernissen, die sehr zeitaufwendig sind. In dem einen Kreisdurchmesser bestehend aus Sprung und Slalom, in dem anderen aus Wippe und Sprung.

Der Verlauf des Kreises dagegen wird aus Geräten gebildet, die einen schnellen Lauf zulassen, wie Sprunggeräte und fester Tunnel. Der Hundeführer kann nun selbst entscheiden, ob er den kurzen, aber zeitintensiven Weg oder den längeren, aber schnellen Weg wählt.

BET YOUR TIME, „WETTE DEINE ZEIT"

Bei den bisherigen Spielen überwiegt die Art der Spiele, bei denen die Parcourslaufzeit vorgegeben wurde. Nun gibt es auch die Möglichkeit, dass der Hundeführer die Zeit vorgibt, die er seiner Meinung nach für den Parcours benötigt.

Bei diesem Spiel wird das gute Zeitgefühl des Hundeführers gefordert. Er sollte die Leistungsfähigkeit und Sicherheit seines Hundes, aber auch seine eigene, gut einschätzen können. Dieses Spiel ist auch gut für Trainingszwecke geeignet. Es fordert und fördert das richtige Einschätzen der notwendigen Laufzeiten in Parcours. Mit Hilfe einer richtigen Beurteilung der erforderlichen Zeit kann der Hundeführer seinen Arbeitsstil auf den jeweiligen Parcours einstellen. Das ist sehr hilfreich bei Prüfungen. Der Hundeführer kann bei der Parcoursbegehung entscheiden: Läuft er auf Risiko in möglichst kurzer Zeit, oder weiß er, dass die vom Richter vorgegebene Zeit auch für einen sicheren Lauf ausreicht?

Aber kommen wir zurück zum Spiel.

Dieses Spiel ist ein Gruppenspiel. Eine Gruppe besteht vorzugsweise aus drei Hunden mit Hundeführern. Sinnvollerweise sollten mini und maxi getrennt laufen. Als Variante kann es natürlich auch mit Einzelstartern gespielt werden, ist aber dann nicht so spannend.

Das Spiel läuft als Staffellauf. Der erste Hund absolviert den Parcours. Ist er durch das Ziel, startet der zweite Hund, danach der dritte Hund. Die Zeitmessung erfolgt

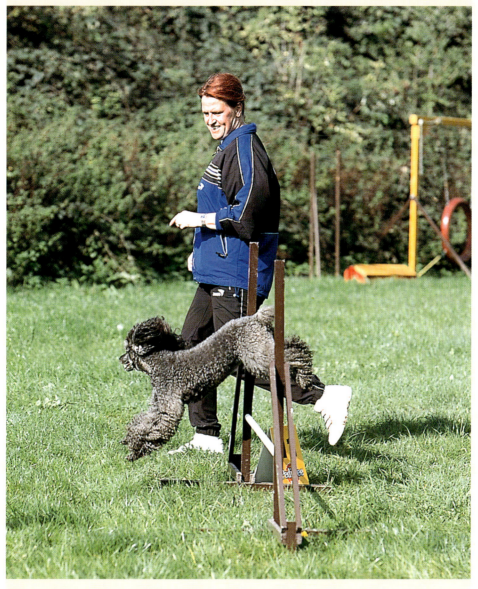

Vor dem Start muss sekundengenau geschätzt werden, wie lange der Hund braucht.

über die gesamte Zeit aller drei Läufe. Eine Zeitvorgabe für die Strecke erfolgt durch den Richter nicht. Nur eine Maximalzeit muss vorgegeben werden, um zu vermeiden, dass der Parcours abgegangen und nicht abgelaufen wird.

Das Team muss vor dem Start die Zeit schätzen, die alle drei Hunde in Summe für den Durchlauf benötigen. Diese Zeit wird vom Schreiber notiert und ist Basis der späteren Auswertung. Es ist aber bei der Zeitschätzung zu bedenken, dass jeder

Fehler und jede Verweigerung mit fünf Strafsekunden zu berechnen sind. Diese eventuell anfallenden Strafsekunden sind bei der Zeitschätzung mit einzurechnen. Der Parcours ist in jedem Fall zu Ende zu laufen, auch bei einer Disqualifizierung, um die Zeit zu ermitteln.

Zur Auswertung herangezogen wird die tatsächlich gelaufene Zeit aller drei Hunde. Zu dieser Zeit werden die Strafsekunden addiert: Jeder vom Richter angezeigte Fehler und jede Verweigerung mit fünf Sekunden, jede Disqualifikation mit 50 Sekunden. Die Summe dieser Addition wird mit der vorher geschätzten und notierten Laufzeit verglichen. Jede Sekunde Abweichung nach oben oder nach unten ergibt einen Minuspunkt. Das Team, welches die Zeit am besten geschätzt hat, unter der Berücksichtigung von eventuellen Fehlerpunkten, erhält somit die geringsten Minuspunkte.

Beispiel: Das Team schätzte eine Zeit von 110 Sekunden für alle drei Durchläufe. Die Zeitmessung ergab eine Zeit von 95 Sekunden. Der Richter zeigte vier Fehler an. Das sind 20 Strafsekunden. In Summe hatte das Team dann eine Zeit von 115 Sekunden. Die Differenz zur geschätzten Zeit beträgt fünf. Dies sind also fünf Minuspunkte.

Für das Spiel wird ein Parcours aufgebaut, der möglichst flüssig und in einer schnellen Zeit zu laufen ist. Es kann auch durchaus ein Jumpingparcours aufgestellt werden, also ohne Kontaktzonen. Auch auf den Slalom kann verzichtet werden, um das Spiel noch schneller und spritziger zu machen. Es sollten nicht allzu viele Fehlerquellen in Form von Verleitungen eingebaut werden, um die Einschätzung der eigenen Leistung nicht zu schwierig zu gestalten.

Bei der Zeitschätzung sollte nicht vergessen werden, dass ein Hund aus dem Team auch Fehler machen kann. Je nach Aufbau der Strecke müssen genügend Strafsekunden eingeplant werden. Es wird mit diesem Spiel eine genaue Einschätzung seiner Leistung und der des Hundes gefordert Es ist für ein gutes Ergebnis sinnvoll, eine lange Laufzeit einzuplanen um sicher arbeiten zu können und möglichst wenige Fehler zu machen.

Aber hierbei ist die Überschreitung der Maximalzeit zu vermeiden. Das führt unweigerlich zum Ausschluss des Teams aus der Bewertung.

DARE TO DOUBLE, „WAGE ES, PUNKTE ZU VERDOPPELN"

Dieses Spiel ist ein Spiel mit einem hohen Potenzial aus Strategie und Wagnis. Es erfordert eine Menge Mut zum Risiko. Es können sehr viele Punkte gesammelt werden durch immer weiteres Verdoppeln, aber das Risiko, die Punkte zu halbieren oder aber alles wieder auf einem Schlag zu verlieren, ist ebenfalls sehr hoch.

Die „Dare to Double"-Strecke besteht aus Hindernissen, die symmetrisch angeordnet sind und mit Punkten von eins bis sieben bewertet werden. Die Bewertung ist unabhängig vom Charakter des Gerätes. Die Hindernisse mit den niedrigsten Punkten werden nahe der Startlinie aufgestellt.

Je weiter weg die Geräte von der Startlinie sind, desto höher wird der Wert der Punkte. Der Tisch, als Ziel, befindet sich etwa in der Mitte des Parcours. Außerdem befindet sich im hinteren Drittel ein so genanntes A-Feld. Hierzu die Erklärung später.

Das Spiel beginnt an einer Startlinie, die vom Richter bestimmt wird, und endet, wenn der Hund auf dem Tisch ist, der sich in der Mitte des Parcours befindet.

Hund und Hundeführer haben entsprechend der Vorgabe durch den Richter 30 bis 50 Sekunden Zeit, um so viele Punkte wie möglich zu sammeln.

Das Team muss aber in jedem Fall zu dem Tisch gelangen, bevor die Spielzeit abgelaufen ist. Falls das Team zu dem Tisch gelangt, bevor die Zeit um ist, erhält es alle Punkte, die es auf der Strecke bis dahin gesammelt hat, und die Zeit wird gestoppt. Falls das Team jedoch erst nach Ablauf der Spielzeit den Tisch erreicht, verliert es alle Punkte wieder.

Man kann also ein sehr hohes Risiko eingehen, was das Spiel so spannend macht. Der Hundeführer muss ein sehr gutes Zeitgefühl haben, um die erlaubte Spielzeit voll auszuschöpfen.

Ist er sich nicht ganz sicher, empfiehlt es sich, rechtzeitig den Hund auf den Tisch zu schicken. Das ist selbst dann sinnvoll, wenn einige Sekunden verschenkt werden.

Hinweise vom Zeitnehmer sind unzulässig. Jedoch können die Zuschauer und Vereinskameraden durch Zuruf dem Hundeführer helfen. Bei diesem Spiel ist also die Mitarbeit und Unterstützung von außerhalb des Parcours wünschenswert.

Hindernisse im A-Feld können den bisher erreichten Punktestand verdoppeln ...

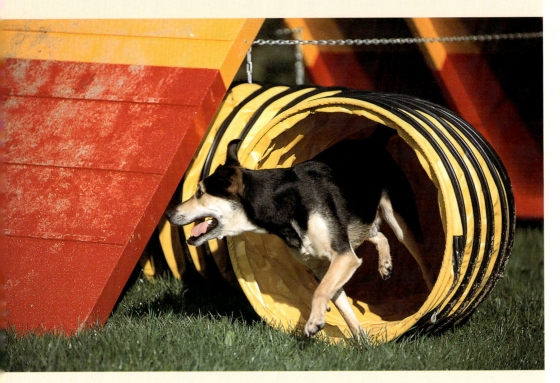

... und noch mal verdoppeln, wenn die Zeit für eine weitere Runde reicht.

Hindernisse können so oft genommen werden wie die Spieler möchten, jedoch nicht direkt hintereinander. Geräte, die fehlerhaft gearbeitet wurden, dürfen nicht sofort noch einmal versucht werden, sondern erst nach einem anderen Gerät. Abgeworfene Stangen werden nicht wieder aufgelegt, das Gerät bleibt aus der Wertung.

In dem bereits erwähnten A-Feld befindet sich ein Gerät oder mehrere als Kombination. Während des Rennens kann jeder Spieler seinen aktuellen Punktestand verdoppeln, indem er das verdoppelnde Hindernis oder die verdoppelnden Hindernisse im so genannten A-Feld überwindet.

Eine erfolgreiche Durchführung verdoppelt den Punktestand, der bis zu diesem Zeitpunkt vorliegt. Falls aber ein Hund die verdoppelnden Hindernisse im A-Feld nicht erfolgreich absolviert, werden die bis dahin erreichten Punkte halbiert. Je höher der aktuelle Punktestand ist, umso verlockender wird die Verdoppelung, aber auch umso risikoreicher.

Jeder Spieler darf versuchen, seine Punkte so oft zu verdoppeln wie er möchte; er muss sie jedoch nicht verdoppeln, wenn er nicht möchte.

Die einzige Einschränkung beim Verdoppeln ist, dass das A-Feld nicht beliebig oft hintereinander weg genommen werden darf: Der Spieler muss erst ein anderes

Hindernis erfolgreich nehmen, bevor er erneut versuchen darf, den Punktestand zu verdoppeln.

Die verdoppelnden Hindernisse im A-Feld können aus einem Gerät, zum Beispiel der A-Wand, oder aus mehreren Geräten als Kombination bestehen. Zum Verdoppeln müssen dann natürlich diese Geräte in der vorgegebenen Folge abgearbeitet werden. Es sollte keine einfache Kombination sein, die das Verdoppeln ermöglicht. Durch geschicktes Aufstellen von Verleitungen durch Geräte, die nicht zur Kombination gehören, wird der Parcoursbauer das Risiko hoch halten.

Bei „Dare to Double" werden als Erstes die Punkte addiert und erst dann wird die Zeit zur Platzierung herangezogen. Der Sieger ist der Hund, der zum Schluss die meisten Punkte hat. Im Falle eines Gleichstandes entscheidet die Zeit.

Die Aufzeichnungen des Schiedsrichters beziehungsweise Schreibers müssen auf eine rationelle Art und Weise gemacht werden, sodass aus der Punktezählung leicht festgestellt werden kann, wann verdoppelt wurde, wann Punkte hinzugezählt wurden und wann der Punktestand halbiert wurde. Zum Beispiel könnte der Schiedsrichter schreiben lassen: 1 2 3 D 5 4 6 H 6 7 5 D 3 D. Die Zahlen geben die Punkte der Geräte wieder. Zu beachten ist, dass das richtige Absolvieren des A-Feldes mit einem „D" gekennzeichnet wird, was bedeutet, dass alle vorher gesammelten Punkte verdoppelt werden müssen. Das „H" bedeutet, dass der Hund im A-Feld Fehler gemacht hat und die Summe aller vorher gemachten Punkte nun halbiert

werden muss. Man würde bei diesem Beispiel dann daraus 132 Punkte zählen.

Eine interessante Variante ist die Platzierung der Hindernisse in umgekehrter Wertefolge. Um das A-Feld herum befinden sich die Hindernisse mit den niedrigeren Punkten, und weiter weg vom A-Feld werden Hindernisse mit höherem Wert platziert. Der Hundeführer ist da-

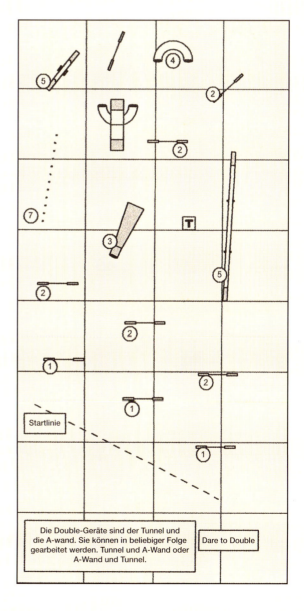

Die Double-Geräte sind der Tunnel und die A-wand. Sie können in beliebiger Folge gearbeitet werden. Tunnel und A-Wand oder A-Wand und Tunnel.

Dare to Double

durch versucht, größere Entfernungen zu arbeiten, um zunächst eine hohe Punktzahl zu erreichen. Er arbeitet dadurch erst weit entfernt vom A-Feld und versucht dann zu verdoppeln. Dadurch ist das Risiko der Zeitüberschreitung deutlich höher.

Bei diesem Spiel ist eine gute Kontrolle des Hundes durch den Hundeführer gefordert. Denn wer möchte schon durch fehlerhaftes Arbeiten der Geräte im A-Feld seine Punkte immer wieder halbieren lassen?

„Dare to Double" bietet sich gut als Ende einer Trainingseinheit an. Im A-Feld werden dann die Geräte aufgestellt, die gerade im Trainingsprogramm vorgesehen sind.

Es muss ja nicht der ganze Gerätepark aufgestellt werden, es genügt auch ein gut durchdachtes Segment. Aber auch Geräte, bei denen die Gruppe Probleme hat, lassen sich hier als A-Feld einsetzen. Jeder Hundeführer wird sich voll auf das saubere Abarbeiten gerade dieser Geräte konzentrieren.

DOUBLE JOKER

Die Erfinder von Double Joker wurde durch den Gedanken inspiriert, dass Spaß das Wichtigste beim Agilitysport ist. In Amerika ist es sehr beliebt. Endlich ein Spiel fast ohne Regeln. Beim Double Joker ist die Hauptsache purer Spaß bei der Beschäftigung mit dem Hund.

Das Ziel von Double Joker für den Hund und dem Hundeführer ist es, so viele Punkte wie möglich in einer bestimmen Zeit zu sammeln und dann den bezeichneten Joker auszuspielen. Der Joker ist eine

Bis jetzt zählen die Punkte der Hindernisse einfach ...

... steht der Hundeführer in der markierten „Box", zählen sie doppelt.

Reihe von Hindernissen, die von Hund und Hundeführer getrennt voneinander zu bewältigen sind. Die Basis des Spiels ist vergleichbar mit dem bekannten Monopoly.

Unter bestimmten Voraussetzungen können die Punkte verdoppelt werden. Dazu muss sich der Hundeführer an der vom Richter gezeichneten Verdoppelungsmarkierung befinden. Das ist eine am Boden abgegrenzte, markierte Fläche, die so genannte „Doubling Box".

Wenn der Hundeführer in der „Doubling Box" ist, werden die Punkte der Geräte verdoppelt, die der Hund in dieser Zeit fehlerfrei abarbeitet. Das heißt, der Hund muss auf Entfernung geführt werden. Verlässt der Hundeführer die Box, werden die Punkte nur einmal gezählt.

Am Schluss des Spiels wird der Joker gespielt. Er kann normal abgearbeitet werden, aber auch, wenn der Hundeführer in der Box steht. Dann wird auch der Joker verdoppelt.

Double Joker ist ein zweiteiliges Spiel: die Punkteansammlungsperiode und die Jokerperiode.

Punkte-Ansammlungsperiode: Die Länge der zur Verfügung stehenden Zeit wird vom Richter bestimmt. Die Zeit läuft, wenn der Hund die Startlinie überspringt. Der Hund erwirbt die Punkte für jedes erfolgreich gearbeitete Hindernis. Der Richter gibt die Gerätepunkte an, wenn die Hindernisse erfolgreich ausgeführt wurden. Jedes Gerät kann nur zwei Mal bewertet werden. Die Punkte des jeweiligen Gerätes können verdoppelt werden, wenn der Hundeführer in der „Doubling Box" steht, während der Hund das oder die Geräte abarbeitet. Der Zeitnehmer, welcher die Zeit misst, kündigt am Ende der Punkteansammlungsperiode durch Pfeifen die Jokerperiode an.

Jokerperiode: In dieser Periode muss der Hund die aneinander gereihten Hindernisse des Jokers bewältigen. Die Gerätefolge wird vom Richter vorgegeben. Wenn der Hundeführer dabei in der Box bleibt, den Hund also auf Entfernung dirigiert, werden die Punktwerte verdoppelt. Wenn der Joker erfolgreich erfüllt wurde, und die Zeit wurde noch nicht abgepfiffen, versucht das Team, den Joker in einem zweiten oder aber auch dritten Durchgang zu wiederholen. Der Zeitnehmer wird wieder durch ein Pfeifen die Jokerperiode beenden. Es zählen dann nur die Punkte des erfolgreich gearbeiteten Jokers.

Ähnlich wie beim Monopoly werden die Geräte mit Punkten belegt:

Sprünge	1 Punkt
Tunnel	2 Punkte
Reifen	2 Punkte
Kontaktzonen	3 Punkte
Slalom	5 Punkte
Joker	10 Punkte

Wenn der Hundeführer beim Arbeiten des Hundes in der „Doubling Box" steht, werden die Punkte des Gerätes verdoppelt. Das Gleiche gilt für den Joker (immer vorausgesetzt, dass der Hund fehlerfrei arbeitet). Der Joker kann so lange gearbeitet werden, bis die Jokerzeit zu Ende ist. Der Hund braucht abschließend keine Ziellinie zu überspringen. Es braucht auch keine Laufzeit festgestellt zu werden. Die Hindernisse sind mehr oder weniger locker aufgebaut ohne klaren Verlauf. Der Richter wird höher bewertete Hindernisse einzeln stellen, sodass sie nicht in einem leichten Fluss vorgeführt werden können. Wenn das Feld einen guten Verlauf der Hindernisse um die Box herum erlaubt,

Der Hundeführer bleibt in der Box und dirigiert den Hund auf Entfernung ...

... das ist nicht ohne Risiko, aber ...

... wenn es klappt, bringt es doppelte Punkte.

könnte der Hundeführer aus der Box arbeiten um die Punkte zu verdoppeln. Es gibt auch bei diesem Spiel verschiedene Varianten.

KEINE VERNEINUNG

Ein anderer Brauch in diesem Spiel ist es, dass das Verwenden eines bestimmten Kommandos bestraft wird. Der Hundeführer verliert fünf Punkte für jedes wörtliche „Nein" oder für ein anderes verneinendes Wort. Der Richter entscheidet vor dem Start des Spiels, was ein negatives Wort ist. Aber Vorsicht: wenn der Hundeführer sich in der „Verdoppelungsbox" befindet und er eine Strafe erhält, wird diese natürlich auch doppelt bewertet.

TRAGBARE „DOUBLING BOX"

Bei dieser Variante kann der Hundeführer die Box transportieren. Sinnvoll ist ein Tritt, eine Holzplatte 30 mal 30 Zentimeter oder ein Ring, in dem der Hundeführer stehen kann. Er kann diese „Box" im Parcours mitnehmen und dort platzieren, wo es für ihn am günstigsten ist. Nach dem Abarbeiten dieser Geräte nimmt er die Box wieder auf und legt sie an anderer Stelle wieder ab. Dies braucht natürlich viel Zeit, aber die Chancen sind für alle gleich. Er muss während der ganzen Abarbeitungszeit des Hundes am jeweiligen Gerät in der Box bleiben, um die Punkte dieses Gerätes verdoppeln zu können. Er kann sich zum Beispiel nicht am Aufgang des Stegs in die Box stellen und sie dann schnell ans Ende des Hindernisses bringen, während der Hund den Steg läuft, und dort weitermachen. Es gibt noch weitere Variationen dieses Spiels,

zum Beispiel: Arbeiten mit zwei „Doubling Boxen", die an verschiedenen Stellen aufgezeigt sind oder die Vorgabe der Gerätereihenfolge durch die Punkte. Die Geräte müssen immer in der Wertigkeit und Folge 1, 2, 3, 5, 3, 2, 1, 2, 3, 5, 3, 2, 1 und so fort abgearbeitet werden. Wir merken schon an diesen Variationen, dass der Sinn dieses Spiel ist, Spaß zu haben mit dem Hund, zur eigenen Freude und der der Zuschauer.

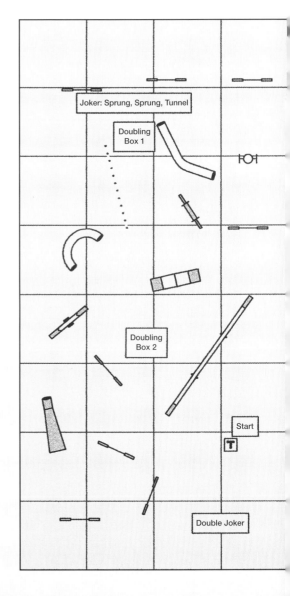

HANDLER GO JUMP

Dies ist ein vollkommen einfaches Spiel, das eher für einen Vereinsausflug als für einen Wettkampf geeignet ist. Hier wird auch die sportliche Aktivität des Hundeführers gefordert. Es ist ein Spiel mit viel Spaß nach dem Motto „Agility is Fun".

Die Spielregel: In Handler Go Jump wird der Hund durch einen relativ einfachen Parcours geführt. Jedes Mal, wenn der Hund einen Tunnel durchläuft, muss der Hundeführer über eine bestimmte Hürde springen. Diese Hürden werden in einem Abstand von zirka 50 Zentimetern vom Tunnel aufgestellt.

Fehler werden gegeben, wenn der Hund ein Hindernis falsch nimmt oder wenn er von der Bahn abweicht und dem Hundeführer über eine seiner Hürden folgt.

Um dies zu vermeiden ist dem Hundeführer erlaubt, den Hund sitzen oder liegen zu lassen, wenn er seine Hürden nimmt.

Für die Auswertung ist kein großer Aufwand erforderlich. Bei „Handler Go Jump" wird die benötigte Zeit mit den gemachten Fehlern zusammengerechnet.

Aber auch der Hundeführer kann Fehler machen durch den Stangenabwurf seiner Hürde. Das Team mit der niedrigsten Punktzahl gewinnt das Spiel.

Das ist Spaß pur: Neben dem Tunnel steht eine Hürde für den Hundeführer.

Jeder normale Parcoursaufbau, der der Wettbewerbsebene angemessen ist, ist auch für Handler Go Jump geeignet. Die Hürden für den Hundeführer sollten wohl überlegt platziert werden, sodass sie auf die natürliche Bahn abgestimmt sind. Die Hürdenstangen dürfen auch nicht zu hoch gelegt sein, es soll ja kein Hürdenlauf werden.

Aus der Sicht des Hundes ist Handler Go Jump ein ganz gewöhnlicher Agilityparcours. Der Unterschied zu diesem besteht nur darin, dass auch der Hundeführer Hindernisse überwinden muss. Wenn Sie natürlich noch mehr Unterhaltung haben wollen, ist es möglich, an Stelle von Hürden einen Slalom oder einen Röhrentunnel für den Hundeführer zu bestimmen.

DIE SCHNECKE

Der Verlauf des Kurses in diesem Spiel entspricht einer zunächst engen Schnecke, die nach außen immer weiter wird. Es ist ein schnell abzuarbeitender Kurs ohne Kontaktzonen. Es soll ein freudiger und flotter Lauf für Hund und Hundeführer sein. Dieses Spiel eignet sich gut als Abschluss eines Turniers.

Der Parcours enthält Sprünge, Slalom und Tunnel. Die vom Richter vorgegebene Zeit sollte kurz sein, damit jeder Starter bestrebt ist, den Kurs in möglichst schnellem Lauf zu absolvieren. Das Team sollte von Zuschauern und Kameraden lautstark unterstützt werden. Der Hundeführer muss immer darauf achten, dass sich der Hund auf direktem Weg auf die Geräte zu bewegt.

Die Fehlerbewertung erfolgt analog dem Reglement, mit einer Besonderheit: Der Hund soll sich immer auf dem direkten Weg von Gerät zu Gerät bewegen. Weicht er von diesem Weg ab, dreht Kreisel oder bewegt sich auf ein falsches Gerät zu, wird dies mit 20 Fehlerpunkten geahndet. Nimmt er ein falsches Gerät, wird das Team, wie üblich, disqualifiziert.

Wird die vom Richter vorgegebene Standardzeit überschritten, wird pro Sekunde ein Fehlerpunkt gerechnet. Fehlerpunkte des Parcourslaufs und Zeitfehlerpunkte werden der tatsächlichen Laufzeit hinzugerechnet. Das Team mit den geringsten Punkten hat das Spiel gewonnen.

Der Parcours wird schneckenförmig aufgebaut. Der Start befindet sich in der Mitte des Feldes. Um den Start dreht sich der Parcours in immer weiter werdenden Kreisen bis zum äußersten Punkt, dem Ziel. Es werden keine Kontaktzonen eingesetzt. Start und Ziel kann der Tisch sein.

Das Spiel kann durch einen anderen Parcoursaufbau abgewandelt werden, beispielsweise können die letzten Geräte gegenläufig aufgebaut werden. Dadurch wird ein Wechsel erforderlich.

GOLDEN SLALOM

Der „goldene Slalom" ist ein Spiel, das sich gut zur Überbrückung der Auswertungszeit bei Turnieren anbietet. Es macht den Zuschauern Spaß und den Turnierteilnehmern wird es nicht langweilig, wenn sie auf die Siegerehrung warten. Es ist sehr schnell aufgebaut. Hürde – Slalom – Hürde, alle drei Geräte aufgebaut in einer Reihe.

Schnell und spannend für die Zuschauer, so ein „Parallel"-Slalom der Hunde!

Es beginnt ein Wettlauf mit der Zeit. Der Hund startet über die erste Hürde, fädelt durch den Slalom und springt über die zweite Hürde. Die Zeit wird genommen beim Überspringen der ersten und der letzten Hürde. Die für diesen kurzen Weg benötigte Zeit wird gestoppt. Jedes Team hat drei Durchgänge.

Der Durchgang mit der kürzesten Zeit kommt in die Wertung, die anderen werden gestrichen. Die Läufe müssen selbstverständlich fehlerfrei sein, um in die Wertung zu kommen. Es ist auch dieses Spiel kein Lauf nur auf Geschwindigkeit, es soll auch sauber gearbeitet werden. Lockmittel wie Leckerchen oder Ball können eingesetzt werden.

Geeignet ist dieses Spiel auch als Slalomtraining außerhalb eines Turniers. Auf dem eigenen Platz als Trainingseinheit aufgebaut lässt sich die Slalomarbeit deutlich verbessern.

Wenn es die Gerätschaften zulassen, kann man eine weitere, gleiche Kombination daneben aufbauen. Nun laufen zwei Teams zeitgleich. Die Auswertung erfolgt im K.O.-System.

Das schnellste fehlerfreie Team kommt in die nächste Runde. Haben beide Teams Fehler gemacht, ist die geringere Fehleranzahl für das Weiterkommen maßgebend. Bei gleichen Fehlerpunkten entscheidet die Zeit. Das unterlegene Team scheidet aus.

Auch diese Version ist gut im Training einzusetzen. Es macht den Hunden und Hundeführern sicher großen Spaß, im Spiel die Sicherheit am Slalom zu trainieren.

Statt der letzten Hürde kann auch gut ein zum U gelegter Tunnel gestellt werden. Dann muss der Hund durch den Tunnel und sofort wieder als Rückweg in den Slalom und zur Start-Ziel-Hürde.

K.O.

Auch dieses Spiel wird häufig zur Zeitüberbrückung bis zur Siegerehrung eingesetzt. Da es im K.O.-Ausscheidungssystem gespielt wird, sind zwei identische, kurze Parcours aufzubauen.

Der Parcours kann mit zwei bis drei Hürden am Start beginnen, sich durch den Slalom fortsetzen, anschließend durch einen Tunnel in U-Form den Hinweg abschließen. Nun geht es über Slalom und Hürden zurück zum Start.

Zwei Teams starten gleichzeitig an der ersten Hürde, der eine Hund in der rechten Bahn, der andere Hund in der linken Bahn. Das Startkommando gibt entweder der Richter oder Zeitnehmer vor. Das Team durchläuft den Parcours. Am Ziel angekommen, wird für jedes Team die Zeit getrennt gestoppt.

Nun gibt der Richter die im Parcours gemachten Fehler an. Sie werden als Strafsekunden zu der gelaufenen Zeit hinzu gerechnet. Das Team mit der niedrigsten Punktzahl hat diesen Durchgang gewonnen. Das andere Team scheidet aus. Der Gewinner muss in der nächsten Runde gegen den Gewinner einer anderen Ausscheidung laufen. So setzt sich der Spielverlauf fort, bis der Sieger feststeht.

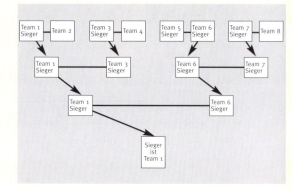

Der Tunnel, in U-Form gelegt, wird zur Wendemarke im Parcours.

DIE UHR

Dieses Spiel hat seinen Namen vom Aufbau des Parcours. Es werden zwölf Hindernisse in einem Kreis aufgebaut, und zwar so, dass sie von der Mitte des Kreises angegangen werden können. In der Mitte des Parcours wird ein Stock in die Erde gesteckt.

Der Hund soll nun die Geräte nacheinander im Uhrzeigersinn abarbeiten. Nach jedem Gerät wird er zurück zum Mittelpunkt geführt, umrundet dort den Stock und geht zum nächsten Gerät. Dies setzt sich fort, bis alle zwölf Geräte gearbeitet wurden.

Gewertet werden Laufzeit und Fehler. Zur Laufzeit werden die Fehler in Form von Strafsekunden hinzu gerechnet. Der Hund mit fehlerfreiem Lauf in der kürzesten Zeit gewinnt.

Es ist also ein sehr einfaches Spiel. Der Hund, der selbstständig voraus arbeiten kann, hat bei diesem Spiel einen erheblichen Vorteil. Der Hundeführer kann sich im Mittelpunkt bewegen und den Hund von dort zu den Geräten dirigieren. Arbeitet der Hund auch die Kontaktzonen sicher, muss der Hundeführer nicht zur Kontrolle an den Geräten sein. Er hat ein erheblich geringeres Laufpensum. Der nicht selbstständig arbeitende Hund wird vom Hundeführer bis zu den Geräten begleitet und anschließend wieder zum Mittelpunkt um den Stock geführt.

Es gibt natürlich auch eine andere Strategie. Der Hundeführer bleibt im äußeren Kreis und bewegt sich in der Nähe der Geräte. Von dort schickt er den Hund voraus zum Stock im Mittelpunkt. Der Hund umrundet den Stock und läuft wieder zum Hundeführer. Dieser lässt ihn das jeweilige

Entweder der Hundeführer läuft jedes Mal mit um den Stock ...

... oder der Hund kennt ein Kommando für das Stock-Umrunden.

Gerät abarbeiten. Da sich beide im Kreis befinden, ist eine gute Kontrolle möglich. Der Hund muss aber ein Kommando kennen um den Stock in der Mitte jeweils auf Zuruf zu umrunden.

Das muss natürlich trainiert werden. Das Spiel bietet sich daher an, im eigenen Verein das Vorausarbeiten zu üben. Zunächst nur mit einem Stock. Der Hund soll lernen, auf Kommando diesen Stock zu umrunden und zum Hundeführer zurück zu kommen. Am Anfang nur auf eine kurze Distanz. Die Entfernung wird immer weiter vergrößert. Wenn das gut funktioniert, kann der umgekehrte Weg geübt werden: auf Entfernung die Geräte abar-

beiten, beginnend mit einfachen Geräten wie Tunnel, Hürden und anderen Sprüngen. Später werden auch die Kontaktzonengeräte eingesetzt. Dies erfordert sehr viel Geduld und Feinarbeit.

Erfahrungsgemäß müssen viele Hunde an den Kontaktzonengeräten aus der Nähe kontrolliert werden. Selbst der Slalom ist auf Entfernung oft besser zu arbeiten.

FEHLER UND TUNNEL

Hier möchte ich nun ein Spiel vorstellen, das in der Ausführung wie auch in der Auswertung sehr einfach ist. Es ist gut als Abschluss einer Turnierveranstaltung zu verwenden. Ziel, wie immer, ist es, den vorgegebenen Parcours fehlerfrei abzuarbeiten.

Es wird ein nicht zu schwerer Parcours aufgebaut. Der Schwierigkeitsgrad sollte dem Level der jeweils startenden Leistungsstufen der Hunde angepasst werden. Es reichen zwölf bis 15 Geräte aus, um die Strecke zu erstellen. Die Geräte werden nummeriert, um den vorgegebenen Weg für das Team festzulegen.

In das Feld wird zusätzlich ein fester Tunnel gelegt. Er kann in der Mitte des Feldes im Parcours postiert werden, aber auch ebenso an den Rand oder in eine Ecke des Feldes. Bei einem kleinen Parcours genügt es vollauf, einen Tunnel aufzustellen. Bei einem Parcours, der sich über das ganze Feld verteilt, kann es sinnvoll sein, zwei Tunnel zu verwenden: einer im oberen Feldteil und einer im unteren Feldteil. Die Tunnel werden nicht mit einer Nummer versehen. Tunnel sind nicht Bestandteil des Parcours.

Bewertet wird das Spiel entsprechend dem Regelwerk mit einer Ausnahme: Verweigerungen werden nicht sofort korrigiert, sondern wie ein Fehler behandelt. Drei Verweigerungen führen auch nicht zur Disqualifizierung. Andere Disqualifizierungsgründe, zum Beispiel falsches Gerät, bleiben erhalten. Sie führen zur Beendigung des Laufes.

Vom Richter wird eine maximale Laufzeit vorgegeben. Sie sollte gut bemessen sein, um den Ablauf des Spieles zu ermöglichen. Der Zeitmesser beendet den Durchgang nach Zeitablauf durch einen langen Pfiff.

Wenn es einen Fehler gibt, heißt es: ab in die Mitte ...

... und erst durch den Tunnel, bevor es weitergeht.

Wenn das Team den Parcours in dieser Zeit nicht abgearbeitet hatte, kommt es nicht in die Wertung.

Aufgabe des Teams, Hund und Hundeführer, ist es nun, den Parcours entsprechend der Nummerierung fehlerfrei und schnell zu arbeiten. Beim Start wird die Zeit an der ersten Hürde genommen. Das Team läuft den Parcours ab, bis es einen

Fehler macht. Vom Richter ertönt ein Pfiff. Nun muss der Hund zum festen Tunnel geführt werden und diesen durchlaufen. Wenn zwei Tunnel eingesetzt sind, kann er den Tunnel wählen, der für ihn am günstigsten ist. Nach dieser Tunneldurchquerung muss das Team aber neu an der Starthürde beginnen. Der Parcours muss von vorne neu durchlaufen werden. Bei einem neuerlichen Fehler muss der Hund wieder in den Tunnel geführt werden und es muss anschließend wieder neu mit der ersten Hürde begonnen werden. Die Zeit des Hundes läuft natürlich ohne Unterbrechung weiter, sie wird nicht neu genommen.

Der Hundeführer wird bei diesem Spiel bestrebt sein, gerade zum Ende des Parcours, stark auf die sichere Führung des Hundes zu achten. Es gibt nichts Ärgerlicheres als einen Fehler des Hundes kurz vor Erreichen des Zieles, sodass wieder von vorne begonnen werden muss.

Die Auswertung ist natürlich ganz einfach. Wie bereits erwähnt, kommen nur die Teams in die Wertung, die innerhalb der vorgegebenen Zeit das Ziel erreicht haben. Die weitere Platzierung erfolgt über die tatsächliche Laufzeit des Hundes. Denn jeder Fehler führt zum Neubeginn und geht damit auf die Zeit.

Dieses Spiel ist gut zum Training in der eigenen Gruppe geeignet. Das Team muss ja bei einem Fehler immer wieder neu beginnen. So werden auch immer wieder die Fehler korrigiert und die fehlerhaften Geräte neu abgearbeitet. Der Hundeführer wird gezwungen, die Führung des Hundes so zu korrigieren, dass er beim nächsten Versuch den Fehler nicht wiederholt. Die Konzentration bei einem Spiel im Training ist deutlich höher, als wenn das Team immer wieder vom Trainer neu geschickt wird. Es ist bestrebt, den Lauf fehlerfrei zu beenden.

Es empfiehlt sich, beim Training die Stangen der Hürden um zirka fünf bis zehn Zentimeter zu senken. Damit ist die Fehlerquelle eines Abwurfes geringer und der Hundeführer wird nur bei einem Füh-

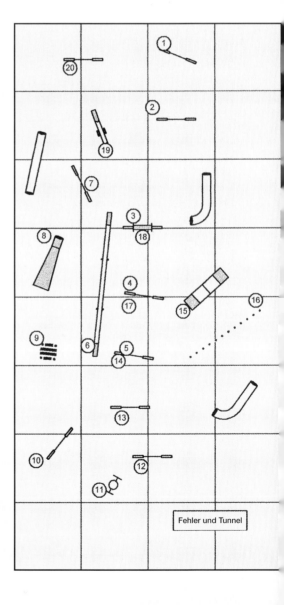

Fehler und Tunnel

rungsfehler bestraft. Dies erhöht die Bereitschaft, konzentrierter zu arbeiten.

Natürlich kann diese Absenkung der Sprunghöhe auch beim Spiel im Turnier erfolgen. Damit ist die Wahrscheinlichkeit eines erfolgreichen Durchgangs höher.

Für dieses Spiel gibt es natürlich auch eine Variante. Sie sieht vor, dass der Hund nach einem Fehler ebenfalls durch den Tunnel muss, anschließend aber nicht wieder vorne am Start beginnen muss, sondern am fehlerhaft gearbeiteten Gerät. Das erfordert einen schnellen Parcourshelfer! Er muss in der Zeit der Tunneldurchquerung des Hundes eine abgeworfene Stange wieder auflegen.

JUMPING

Es ist ein klassisches Spiel im Agility und seit Jahren im Programm etabliert. Jumping ist auch in den meisten Fällen Bestandteil des zweiten Laufs bei Meisterschaften im In- und Ausland.

Basis ist ein Parcours ohne Verwendung der Kontaktzonengeräte Steg, A-Wand und Wippe.

Auch der Tisch ist im Jumping nicht enthalten. Alle anderen Geräte werden verwendet.

Der Parcoursverlauf ist ein schnell und flüssig zu laufender Weg. Er sollte dem Team die Möglichkeit geben, in Abschnit-

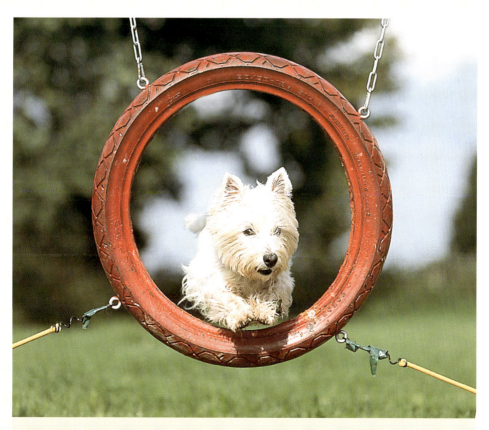

Auch in einem schnellen Spring-Parcours sollen Hunde kontrolliert laufen.

ten die mögliche Grundgeschwindigkeit des Hundes voll auszunutzen. Aber durch gut geplantes Stellen der Geräte kann der Hundeführer zur Reduzierung der Laufgeschwindigkeit seines Hundes veranlasst werden, um Fehler zu vermeiden. Es ist also auch gefordert, dass der Hund seine Geschwindigkeit kontrolliert durch den Hundeführer ausspielt.

Denn wir wollen nicht nur schnelles Agility, sondern intelligentes, vorausschauendes Agility. Gerade für die Kontrolle der Laufgeschwindigkeit ist das Jumping geeignet.

Beim normalen A-Parcours mit Kontaktzonen wird ja gerade an diesen Kontaktzonengeräten die Geschwindigkeit immer wieder herabgesetzt.

Bewertet wird das Jumping entsprechend dem Regelwerk. Es sind keine besonderen Regeln zu beachten. Durch geschicktes Stellen von Verleitungen kann der Schwierigkeitsgrad des Parcours beeinflusst werden.

Die Platzierung der Teams erfolgt entsprechend den Fehlern und der Laufzeit. Es wird eine Standard- und Maximalzeit angegeben.

Innerhalb der Standardzeit soll der Parcours abgearbeitet werden. Beim Überschreiten der Standardzeit wird jede zusätzliche Sekunde mit Strafpunkten belegt.

Die Überschreitung der Maximalzeit führt zu einer Disqualifikation.

Die Platzierung kann aber auch ohne Zeitvorgaben erfolgen. Dann gewinnt der Hund mit den geringsten Fehlerpunkten und der schnellsten Laufzeit.

STILLES AGILITY

Dieses Spiel ist wunderbar dazu geeignet, um unter Beweis zu stellen, wie wichtig die Körpersprache beim Agility ist. Bei diesem Spiel wird die Verbindung zwischen Hund und Hundeführer gefordert. Der Hundeführer muss den Hund leise durch den Parcours führen. Es sind keine Kommandos erlaubt, kein Klatschen, kein Pfeifen, nur die Körpersprache ist erlaubt.

Der Parcours ist ein normaler Agilityparcours unter Verwendung aller Geräte. Er wird dem Leistungsniveau der Teilnehmer entsprechend gestellt.

Es gibt keine Standardzeit, sondern nur eine maximale Laufzeit. Ist diese Zeit überschritten, erfolgt eine Disqualifizierung. Bewertet wird entsprechend dem Regelwerk. Jeder Fehler und jede Verweigerung werden mit fünf Fehlerpunkten geahndet. Drei Verweigerungen führen auch hier zur Disqualifizierung. Das Sprechen des Hundeführers wird mit 15 Fehlerpunkten bestraft.

Wenn der Hundeführer stumm bleiben muss, zeigt sich, wie gut die Verständigung ist.

Bei diesem Spiel gibt es viele Variationsmöglichkeiten:

• Jedes Kommando wird mit fünf Strafpunkten belegt, dafür erfolgt aber mit dem vierten Kommando eine Disqualifizierung.

• Bei Absprache mit dem Richter kann der Hundeführer sich ein Wort erbitten, welches er benutzen darf, zum Beispiel den Hundenamen oder den Befehl zur Kontrolle der Kontaktzonen.

• Bei einem Vereinswettstreit muss der Hundeführer für jedes Kommando einen Betrag in die Vereinskasse des Spielgegners zahlen.

Es lassen sich noch viele Vorgaben festlegen, der Fantasie sind keine Grenzen gesetzt. Dieses Spiel ist ein wichtiger und gut zu verwendender Trainingsteil. Der Hundeführer lernt hierbei, wie sein Hund auf die Körpersprache reagiert. Das Team lernt sich deutlich besser kennen. Denn auch der Hund muss erst lernen, einen stillen Hundeführer im Parcours zu haben. Es wird kein verbaler Druck auf den Hund aufgebaut. Wenn das regelmäßig im Training mit eingebaut wird, stärkt sich die Verbindung zwischen Hund und Hundeführer. Beide achten mehr aufeinander und spielen sich besser aufeinander ein. Bei Prüfungen sind dann später nur noch leise, gezielte Kommandos erforderlich.

SNOOKER

Snooker ist ein interessantes Spiel aus Amerika. Es ist dort sehr beliebt und weit verbreitet und wird als Meisterschaft gespielt. In Qualifikationsturnieren kann ein Team Punkte sammeln. Entsprechend der erreichten Punktzahl in jedem Spiel und der Häufigkeit des Erreichens der vorgegebenen Punkte erhält das Team die Berechtigung zur Teilnahme an Meisterschaften. Wenn sie dann fünf Mal die erforderlichen Punktzahl in den Meisterschaftsturnieren erreicht haben, steigen sie auf zur oberen Meisterschaftsklasse, woraus sich der Snooker-Meister rekrutiert.

Aber schauen wir uns das Spiel mal an. Vielleicht schwappt die Begeisterung über.

Das Spiel besteht aus zwei Teilen. Jeder Teil wird nach leicht veränderten Vorgaben gespielt, die noch erläutert werden. Beide Teile laufen direkt hintereinander ab. Vom Richter wird eine Maximalzeit vorgegeben in Abhängigkeit von der Komplexität des Snookerkurses und der Anzahl der verwendeten Geräte. Innerhalb dieser Zeit müssen beide Teile abgearbeitet werden. Das Ende der Zeit wird durch einen Pfiff des Zeitnehmers signalisiert. Die Möglichkeit des Punktens wird damit beendet. Das Team muss auf dem kürzesten Weg zum Ziel. Dort wird die tatsächliche Laufzeit genommen.

Ein Snookerkurs besteht aus mindestens neun Hindernissen oder Hinderniskombinationen. Jedem dieser Hindernisse oder Hinderniskombinationen wird ein Punktwert zugeteilt. Jeder Punktwert kann nur einmal vergeben werden. Es können also nicht zwei Geräte den gleichen Wert erhalten. Die Geräte oder Gerätekombinationen werden mit verschiedenfarbigen Fähnchen („farbige Geräte oder Kombinationen") gekennzeichnet.

Nur die Farbe rot darf nicht verwendet werden, diese Farbe wird noch für eine andere Markierung benötigt. Es können aber auch Ziffern aufgestellt werden, am sinnvollsten gleich bedeutend mit der Wertigkeit, zum Beispiel an einer Hürde die 3, an einer Kombination die 5, am Slalom die 7, und so fort.

Weiter werden mindestens drei so genannte „rote Hürden" platziert. Sie werden mit roten Fähnchen markiert und haben keine Punktwerte. Es können auch rote Stangen verwendet werden, wenn alle anderen Hürden eine andere Stangenfarbe haben.

Als Start und Ziel wird eine Linie am Boden markiert, aber auch ein Tisch kann verwendet werden oder ein abgegrenztes Feld.

Der erste Teil des Spiels beginnt mit dem erfolgreichen Arbeiten einer roten Hürde. Das erfolgreiche Arbeiten berechtigt den Hund, als Nächstes ein Gerät oder eine Kombination der farbigen Geräte zu arbeiten um Punkte zu sammeln.

Anschließend muss er sich wieder eine neue Berechtigung holen durch das fehlerfreie Arbeiten einer anderen roten Hürde. Ist dies erfolgt, kann er ein weiteres oder noch mal das gleiche Punktgerät beziehungsweise die Kombination der farbigen Geräte arbeiten. Ist auch das erfolgt, kann er durch den erfolgreichen Sprung einer dritten roten Hürde wieder die Berechtigung erlangen, weitere Punkte zu sammeln. Stehen drei rote Hürden zur Verfügung, kann er dreimal Punkte sammeln, da jede rote Hürde nur einmal benutzt

Bei diesem schnellen Spiel ist es nicht einfach, den Überblick zu behalten.

werden darf. Wird beim Arbeiten an einer roten Hürde die Stange abgeworfen, kann sie nicht mehr genutzt werden. Der Hund muss dann direkt die nächste rote Hürde nehmen, um sich die Spielberechtigung zum Punkten zu holen. Das Team hat mit diesem Fehler also eine Chance zum Punkten vertan. Wenn der Hund an allen roten Hürden die Stangen wirft, hat er keine Möglichkeit, innerhalb des ersten Teils Punkte zu sammeln. Punkte erhält das Team aber auch nur dann, wenn die „farbigen" Geräte oder Kombinationen fehlerfrei gearbeitet wurden. Der Fehler kann nicht durch nochmaliges Arbeiten korrigiert werden. Der Hund muss erst wieder eine rote Hürde springen um erneut Punkte sammeln zu können. Verweigerungen an den farbigen Geräten werden nicht gezählt, aber der Hund muss sofort wieder an das verweigerte Gerät geführt werden. Das Team kann also nicht an ein anderes Gerät oder einer andere Kombination gehen.

Der erste Teil des Punktesammeln ist beendet, wenn

• der Hund in ein farbiges Gerät geht, ohne vorher eine rote Hürde erfolgreich gearbeitet zu haben,

• der Hund sofort nach einem roten Sprung einen weiteren roten Sprung benutzt,

• der Hund einen roten Sprung ein zweites Mal nutzt,

• der Hund einen Fehler im farbigen Hindernis macht, anschließend dieses oder ein anderes farbiges Hindernis arbeitet.

Sind alle roten Sprünge und die daraus erfolgten Berechtigungen abgearbeitet, ob

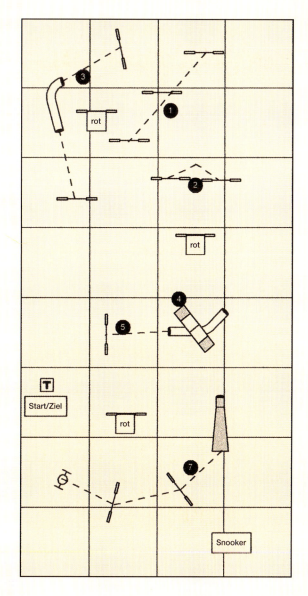

mit oder ohne Erfolg, beginnt sofort der zweite Teil. Der Hund muss durch den Parcours der farbigen Geräte geführt werden. Und zwar in der Reihenfolge der Wertigkeit, das heißt zunächst das Gerät mit der niedrigsten Punktzahl, dann aufsteigend in der Folge der Punktzahl. Dabei dürfen aber nicht die roten Hürden benutzt werden. Geräte oder Kombinationen, die im ersten Teil durch Stangenabwürfe eliminiert wurden, können keine Punkte mehr bringen. Auch hier gilt natürlich, dass die Geräte fehlerfrei abgearbeitet werden müssen und Fehlerkorrekturen nicht möglich sind. Diese im zweiten Teil erarbeiteten Punkte werden ebenfalls mit bewertet. Nach dem Gerät oder der Kombination mit der höchsten Punktzahl wird der Hund zum Ziel geführt und die Zeit wird genommen.

Der zweite Teil ist beendet, wenn
• die Zeit abgelaufen ist,
• der Hund das Hindernis mit der höchsten Punktzahl gearbeitet hat,
• der Hund eine falsche Reihenfolge abarbeitet,
• der Hund über eine rote Hürde springt.

Sieger ist das Team mit der höchsten Punktzahl innerhalb der kürzesten Zeit.

Die Beschreibung dieses Spiels liest sich beim ersten Mal sicher etwas kompliziert. Jedoch ist der Ablauf gar nicht so schwierig. Die Regeln sind relativ einfach und auch einleuchtend. Als Zeitfüller zum Turnier-Ende ist dieses Spiel wenig geeignet. Aber als fester Bestandteil eines Turniers kann ich es mir gut vorstellen. Vielleicht gibt es auch in Deutschland mal eine Meisterschaft im Snooker.

JUMPING TEAM

Jumping Team ist wieder ein schönes, schnelles Mannschaftsspiel, das sich sehr gut zum Abschluss einer Prüfung eignet. Wie der Name schon zum Ausdruck bringt, wird das Spiel in einem Jumping-Parcours gelaufen.

Die Kontaktzonengeräte und der Tisch finden keine Verwendung.

Die Spielregeln sind einfach. Es bilden sich Spielgruppen aus zwei, besser drei Teams. Die Hunde müssen in der gleichen Größenklasse laufen, das heißt maxi, midi und mini getrennt. Der Parcours wird von allen Teams komplett durchlaufen. Der Richter kann eine Standardlaufzeit für die Strecke vorgeben.

In dieser Zeit müssen alle Teams den Parcours durchlaufen haben. Wird die Zeit überschritten, gibt es für jede Sekunde einen Strafpunkt. Aber diese Regelung ist bekannt vom normalen Jumping. Die Zeit wird gestartet, wenn der erste Hund in den Parcours geht, und gestoppt, wenn der letzte Hund durchs Ziel ist.

Nun zum Ablauf: Der erste Hund startet und durchläuft die Strecke entsprechend dem vorgegebenen Verlauf. Nach fünf Sekunden startet der zweite Hund und läuft die gleiche Strecke. Nach weiteren fünf Sekunden startet der dritte Hund, um den Parcours abzuarbeiten. Die drei Teams arbeiten nun hintereinander laufend ab. Dabei darf kein Hund einen anderen Hund überholen. Es darf allerdings ein Gerät zeitgleich von mehreren Hunden gearbeitet werden. Es kann also im Slalom der nächste Hund einsteigen, während der vorherige Hund das Gerät noch nicht verlassen hat. Die Geschwindigkeit des Hundes, insbesondere des letzten Hundes, muss sehr gut kontrolliert werden. Es ist deshalb sinnvoll, die Reihenfolge der Starts genau zu planen. Fehler und Verweigerungen werden entsprechend dem Regelwerk geahndet und führen zu Fehler-

Auch wenn der nachfolgende Hund schneller ist, er darf nicht überholen!

punkten. Bei einer Disqualifizierung kann weiter gelaufen werden, sie führt aber zu 20 Fehlerpunkten. Wenn ein Hund einem anderen Hund oder dem falschen Hundeführer nachläuft, führt dies zu keiner Disqualifizierung; der Hund muss nur wieder an der richtigen Stelle im Parcours angesetzt werden.

Die Hundeführer sollten darauf achten, immer einen reichlichen Abstand zum vorweg laufenden Hund zu halten. Dadurch wird vermieden, dass der eigene Hund außer Kontrolle gerät. Anders sieht die Sache natürlich aus, wenn die Teams

aus einem Verein kommen und die Hunde sich kennen. Dann kann es sinnvoll sein, die nachgestarteten Hunde auflaufen zu lassen und dann direkt hintereinander zum Ziel zu bringen. Dafür ist streng darauf zu achten, dass sich die Hunde nicht überholen oder zur Freude der Zuschauer anfangen zu spielen.

Eine Besonderheit bei der Fehlerbewertung des Stangenabwurfes ist noch zu beachten: Wirft der erste Hund eine Stange, führt das bei drei Teilnehmern zu drei Fehlern (also 15 Fehlerpunkte). Die Stangen werden beim Durchgang nicht wieder aufgelegt, die nachfolgenden Hunde brauchen hier nicht mehr zu springen und können keinen Abwurffehler mehr machen. Wird eine Stange durch den zweiten Hund abgeworfen, werden zwei Fehler (zehn Punkte) gezählt. Nur beim letzten Hund wird der Abwurf mit nur einem Fehler bestraft.

Diese Regelung führt natürlich zu einem Widerspruch, aber das macht das Spiel so interessant. Der erste Hund sollte möglichst schnell sein, sodass die später startenden Hunde nicht gebremst werden müssen, damit sie nicht überholen. Diese Schnelligkeit erhöht gleichzeitig das Risiko des Stangenabwurfs und führt damit zu einer hohen Fehlerpunktzahl beim ersten Hund. Wie heißt es aber so schön: „Wer nicht wagt, kann nicht gewinnen".

Die Strecke wird vom Richter so aufgebaut, dass die Hunde sich wenig im Parcours kreuzen müssen. Der Parcours kann in einem großen Bogen im Feld geführt werden, natürlich mit Wendungen und Wechseln, jedoch mit wenigen Kreuzungen.

Bei Kreuzungen hat der zuerst gestartete Hund immer Vorrang. Hunde dürfen bei diesem Spiel im Parcours angehalten, jedoch nicht vom Hundeführer festgehalten werden.

Die Möglichkeit des Anhaltens muss gegeben sein, um ein Überholen zu verhindern und bei Kreuzungen dem berechtigten Hund den Vorrang zu geben.

Die Teams der Spielgruppen werden zusammen gewertet. Die Gruppe mit den geringsten Fehlern und der kürzesten Laufzeit hat dieses Spiel gewonnen.

Von diesem Jumping Team gibt es auch eine ruhigere Variante. Es starten dann die Teams nicht in kurzen Abständen, sondern erst dann, wenn das vorherige Team den Parcours verlassen hat. Das erfolgt dann in Form eines Staffellaufs.

Der nächste Hund darf erst dann in die Strecke, wenn der vorher gelaufene durch das Ziel ist. Das ist nicht so spannend wie die erste Version, dafür aber besser geeignet für Anfänger.

Der Anfängerhund lässt sich doch leichter ablenken und steht nicht so gut unter der Kontrolle des Hundeführers. Die Regelung für den Stangenabwurf bleibt natürlich auch hierbei erhalten.

AGILITY OPEN

Das Agility Open ist vom Prinzip her ein Prüfungslauf. Es wird ein normaler Parcours aufgebaut, mit allen Tücken und Raffinessen, wie wir es von den Prüfungen gewohnt sind. Die Auswertung erfolgt analog den Prüfungen. Es wird jedoch keine Bewertung in Form von Bewertungsklassen vorgenommen und es erfolgt auch kein Eintrag in ein Leistungsheft. Bewertet werden die Anzahl der Fehler und die für den Lauf benötigte Zeit.

Der Parcours kann in den Anforderungen verschiedener Leistungsklassen aufgebaut werden, aber auch ein einheitlicher Parcours für alle Leistungsstufen ist möglich. In diesem Fall wird dann auch entsprechend den Leistungsstufen die Auswertung erfolgen. Der Richter kann die Standard- und Höchstlaufzeiten vorgeben.

Richtig spannend wird es, wenn keine Laufzeit vorgegeben ist.

Bei Überschreiten der Standardlaufzeit ergibt jede Sekunde Zeitüberschreitung einen Fehlerpunkt. Bei Überschreitung der Höchstlaufzeit erfolgt eine Disqualifizierung. Gibt es keine Zeitvorgabe, gewinnt der Hund mit den geringsten Fehlern in der kürzesten Zeit.

Dieses Spiel wird oft als Aufwärmspiel angeboten. Es hat den Vorteil, dass im Prinzip alle Geräte dem Hund bekannt gemacht werden.

Bei einem unbekannten Richter lernt man die Charakteristik seines Parcoursbau in Ansätzen kennen.

Dieses Spiel hat keine besonderen Aktionen oder Vorgaben und braucht nicht weiter erläutert zu werden.

SKILLED AGILITY

Bei diesem Spiel kommen die Behändigkeit und die Geschicklichkeit des Hundeführers zur Geltung. Das Spiel eignet sich gut als Pausenfüller. Es kann aber auch verwendet werden, um Geld für einen guten Zweck zu sammeln. Jedes Team kann so oft starten wie es möchte, muss aber für jeden Start einen Obolus zahlen.

Es wird ein relativ einfacher Jumpingparcours aufgebaut. Der Verlauf ist in großen Bögen mit wenigen großräumigen Wechseln aufgebaut.

Aufgabe des Hundeführers ist es nun, den Hund durch den Parcours zu dirigieren. Die Schwierigkeit dabei ist, dass der

Hundeführer einen großen Löffel oder eine Suppenkelle in der Hand hat und diese durch den Parcours balancieren muss. In diesem Löffel oder der Kelle befindet sich ein gekochtes Ei oder ein Tennisball, den er nicht verlieren darf. Fällt das Ei oder der Ball runter, muss der Lauf abgebrochen werden. Auch darf der Hund keinen Fehler machen. Der Lauf muss dann ebenfalls abgebrochen werden. Das Team kann sich wieder der Reihe der wartenden Starter anschließen, um es nach Zahlung erneut zu versuchen.

Die Zeit der Läufe wird nur dann ermittelt, wenn ein Hundeführer den ganzen Parcours ohne „Abwurf" durchlaufen hat und der Hund keinen Fehler machte.

Dieses Spiel sollte lautstark vom Sprecher kommentiert werden und seitens des Publikums unterstützt werden. Die Starter müssen immer wieder motiviert werden, neu zu starten. Die Bekanntgabe der aktuell zu schlagenden Zeit ist dabei sehr hilfreich und spornt zu neuen Versuchen an.

Eine Variante dieses Spiels ist es, den Hundeführer etwas auf dem Platz sammeln zu lassen, was er dann mittels Kelle, Schale oder Tablett auf dem Weg mit ins Ziel nehmen kann. An jedem Gerät wird ein Gegenstand hinterlegt, der aufgenommen werden darf, wenn das Gerät fehlerfrei gearbeitet wurde.

Je nach Zeit und Anlass der Veranstaltung können dies die verschiedensten Gegenstände sein. Zu Ostern bemalte Eier, zu Weihnachten Christbaumkugeln (Kunststoff, andere zerplatzen beim Fallen). Der Fantasie sind keine Grenzen gesetzt. Aber bitte immer darauf achten, das keine Gegenstände oder Hilfsmittel verwendet werden, die beim Fallen zerspringen und Splitter hinterlassen. Die Verletzungsgefahr ist zu groß.

Also, dann sammelt mal ein, was es zu sammeln gibt.

PAY ON THE DAY

Auch dieses Spiel eignet sich gut als Sammlung für einen guten Zweck. Durchgeführt wird es sinnvollerweise zum Ende des Turniers.

In diesem Fall wird ein einfacher Agilityparcours aufgebaut entsprechend der Leistungsstufe A 2. Bis auf den Tisch können alle Geräte verwendet werden.

Der Hundeführer muss sich die Starterlaubnis mit Zahlung eines kleinen Betrages erkaufen. Ziel ist es, den Parcours fehlerfrei in möglichst kurzer Zeit zu absolvieren. Jeder Fehler führt zum sofortigen Abbruch des Laufs.

Das Team muss den Parcours sofort verlassen und das nächste Team kann starten. Die Startfolge sollte möglichst kurz gehalten werden, um eine Spannung zu erzeugen und möglichst viele Durchgänge zu ermöglichen.

Jedes Team kann so oft starten wie es möchte, aber jedes Mal muss gezahlt werden.

Auch hier wird die Attraktivität durch entsprechende Kommentierung des Platzsprechers erhöht. Er muss immer wieder die Starter animieren, es nach einem fehlerhaften Lauf erneut zu versuchen. Gezählt werden nur die fehlerfreien Läufe.

Die Bestzeit wird notiert und hat so lange Gültigkeit, bis sie unterboten wird.

Es empfiehlt sich, die guten Hunde erst zum Ende des Spiels einzusetzen. Die weniger schnellen werden dann öfter starten und nicht sofort das Handtuch werfen, weil sie keine Chance sehen zu gewinnen. Es soll ja schließlich für einen guten Zweck gesammelt werden.

Sieger ist das Team mit dem schnellsten fehlerfreien Durchlauf.

FLYGILITY

Flygility ist ein Spiel, das Elemente aus zwei verschiedenen Hundesportarten kombiniert. Der Kurs besteht aus einer Folge von Agilitygeräten, die hintereinander in Form eines rechten Winkels aufgebaut werden. Dieses Spiel wird in einigen Ländern als Ausscheidungswettkampf ausgetragen. Dabei sind die Geräte und die Abstände der Geräte natürlich genau vorgegeben, um auch Ergebnisse aus verschiedenen Veranstaltungen vergleichbar zu machen. Bei unseren Spielen ist dies sicher nicht erforderlich.

Ein Schenkel dieses Parcours besteht aus zwei Sprüngen und dem Slalom mit sechs Stangen. Der dann folgende Winkel wird aus einem Tunnel gelegt. Der zweite Schenkel besteht aus Sprung, A-Wand und Sprung. Dahinter wird die Flyballmaschine aufgebaut. Durch Aufsetzen einer Pfote auf die Trittplatte wird ein Ball herauskatapultiert.

Der Hund hat nun die Aufgabe, den Weg vom Start bis zur Flyballmaschine zurückzulegen, die Platte auszulösen, den Ball zu fangen und den gleichen Weg mit Ball

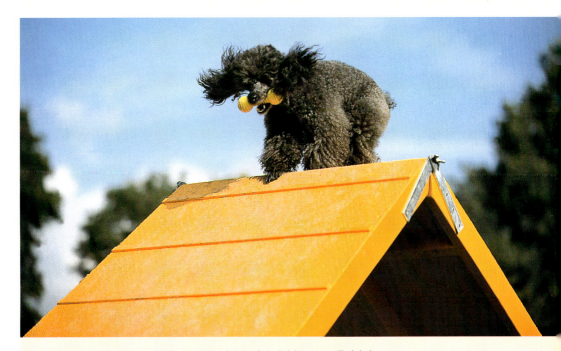

Steht keine Flyball-Maschine zur Verfügung, kann der Hund ein Spielzeug vom Tisch holen.

zurück zu laufen. Verliert er den Ball unterwegs, muss er ihn erst wieder aufnehmen und kann dann den Weg fortsetzen. Fehler des Hundes auf dem Hin- und Rückweg werden entsprechend dem Regelwerk angezeigt und der Zeit hinzugerechnet. Der Hundeführer kann natürlich wie beim Agility seinen Hund begleiten und auf den richtigen Weg bringen.

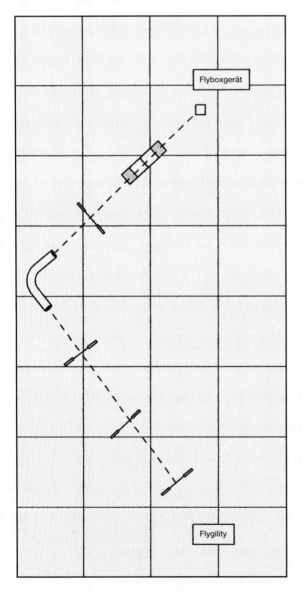

Flyboxgerät

Flygility

Bei den Ausscheidungswettkämpfen darf der Hundeführer nicht den rechtwinkligen Weg nehmen. Er soll in gerader Linie vom Start zur Flyballmaschine und wieder zurück zum Start den Hund begleiten. Dies setzt natürlich voraus, dass der Hund selbstständig den Weg abarbeitet. Bei ausreichender Erfahrung und häufiger Teilnahme an diesen Wettbewerben ist das für den Hund sicher einfacher als für unsere Hundeführer. Gewonnen hat der Hund mit den wenigsten Punkten aus Zeit und Fehlern.

Wenn keine Flyballmaschine zur Verfügung steht, kann stattdessen ein Ball auf dem Tisch oder auf der Erde abgelegt werden, den der Hund sich holen muss.

Dieses Spiel bringt viel Spannung und Aktion. Es ist davon auszugehen, dass ein Großteil der Hunde an den Geräten vorbei läuft und verweigert, um möglichst schnell an den Ball zu kommen. Der Rückweg ist dann wiederum nicht so problematisch. Der Hund hat ja seine Beute und transportiert sie zu seinem Hundeführer um sich die Belohnung zu holen.

Als Variante bietet sich an, dass sich ein Team wie beim Flyball aus mehreren Hundeführern mit Hunden zusammensetzt, die dann gegeneinander laufen.

GROUP CHOICE, „GRUPPENWAHL"

Bei diesem Spiel werden die Geräte in frei zu wählender Folge aber entsprechend der Gerätegruppen gearbeitet. Es kann am Schluss eines Turniers gespielt werden. Der letzte Prüfungslauf bleibt auf dem

Platz stehen, die Nummern werden eingesammelt und fertig ist der Parcours.

Die Geräte werden in Gruppen zusammengefasst:

- Kontaktzonengeräte
- Sprünge und Tunnel
- Slalom

Die Reihenfolge des Arbeitens der Gruppen bestimmt der Hundeführer selber. Er muss aber zunächst mit seinem Hund alle Geräte einer Gruppe abarbeiten um dann die Geräte der nächsten Gruppe arbeiten zu können.

Wenn er mit den Sprüngen beginnt, muss er alle Sprünge und Tunnel abarbeiten. Anschließend kann er sich eine andere Gruppe vornehmen, zum Beispiel den Slalom, dann arbeitet er alle Kontaktzonengeräte. Wenn er alle Geräte gearbeitet hat, schickt er seinen Hund zum Ziel auf den Tisch.

Die Spielregeln sind einfach. Start ist eine Seite des Parcoursfeldes, Ziel ist der Tisch. Vom Richter wird eine maximale Laufzeit vorgegeben, etwa 50 bis 60 Sekunden. Das Team hat einen Bonus von 100 Punkten.

Jeder Fehler und jede Verweigerung im Parcours ergibt fünf Punkte Abzug. Bei Verweigerungen muss das verweigerte Gerät neu angegangen werden. Drei Verweigerungen führen zur Disqualifikation. Es muss das Gerät gearbeitet werden, welches das Team anläuft. Jedes Gerät darf nur einmal genutzt werden.

Geht der Hund in eine neue Gerätegruppe, bevor alle Geräte der Gruppe vollständig abgearbeitet wurden, wird er disqualifiziert. Arbeitet der Hund ein Gerät zum zweiten Mal, wird er ebenfalls disqualifiziert. Das Team, welches innerhalb der Maximalzeit die wenigsten Punkte verloren hat, ist Gewinner.

Es ist ein einfaches Spiel, das aber eine hohe Konzentration erfordert. Der Ablauf sollte genau geplant werden, um alle Geräte in der richtigen Gruppe fehlerlos abarbeiten zu können.

Als Training im Verein aufgebaut schult es die Konzentration und Planungsfähigkeit der Hundeführer. Es ist eine gute Übung für Monopoly.

BLACKJACK

Agility hat auch etwas mit Glück zu tun. Blackjack ist ein Glücksspiel. Wie bei allen Glücksspielen kann man nur begrenzt auf das zu erwartende Ergebnis setzen. Bei diesem Spiel ist es nicht anders. Die magische Zahl beim Blackjack ist die 21, wie auch beim gleichnamigen Kartenspiel.

Basis dieses Spiels ist ein Monopoly-Parcours. Der Weg des Hundes kann vom Hundeführer selbst bestimmt werden, aber mit einigen Einschränkungen. Das Besondere ist der Aufbau des Parcours. Er wird rechtwinklig angeordnet, das heißt es gibt am äußeren Rand vier gerade Strecken aus jeweils einem Gerät in der Mitte und links und rechts den Eckgeräten. Die inneren Geräte werden geometrisch angeordnet.

In der Mitte des Feldes steht der Tisch als Ziel. Gestartet wird am Feldrand. Das Startgerät hat keinen Punktewert. Der Aufbau ist in der Parcourszeichnung dargestellt.

Die Wippe fehlerfrei zu laufen bringt drei Punkte aufs Konto.

Die Geräte sind mit Punkten bewertet. Jedes Gerät, das fehlerfrei gearbeitet wurde, gibt Punkte auf dem Konto.

- Slalom   5 Punkte
- Kontaktzonengeräte   6 Punkte
- Reifen, Tunnel   2 Punkte
- Sprünge   1 Punkt

Jedes Gerät kommt nur zweimal in die Wertung. Es darf nach einem Gerät mit Kontaktzonen nicht sofort wieder ein Ge-

rät mit Kontaktzonen gearbeitet werden, sondern es muss erst ein andersartiges Gerät erfolgreich gearbeitet werden.

Der Hund sammelt nun für jedes fehlerfreie Gerät die entsprechenden Punkte. Vom Richter wird eine Maximalzeit angegeben. Ist diese erreicht, ertönt ein Pfiff vom Zeitnehmer und der Hund muss zum Ziel auf den Tisch. Dort wird die Zeit genommen. Geräte, die nach dem Pfiff noch genommen werden, kommen nicht in die Wertung. Das Besondere an Blackjack ist, dass der Hund nicht mehr als 21 Punkte sammeln darf. Hat er mehr Punkte erreicht, wird das Team disqualifiziert. Diese 21 Punkte oder weniger sollen in möglichst kurzer Zeit gesammelt werden. Sieger ist das Team mit der höchsten Punktzahl bis maximal 21 innerhalb der kürzesten Zeit; eben ein Glücksspiel. Um das Spiel spannend zu machen, sind noch besondere Regeln zu beachten:

- Eine Seite des Parcours mit drei Geräten muss hintereinander gearbeitet werden, bei Fehlern muss korrigiert werden.
- Ein Eckgerät muss genommen werden,
- und ein Sprunggerät muss gearbeitet werden.

Interessant wird das Spiel, wenn vom Parcoursrand die Vereinskameraden laut den Punktestand mitzählen, natürlich nur, wenn das Gerät einwandfrei gearbeitet wurde. Hierbei auf die Bestätigung des Richters achten, sonst ist der Hundeführer total verwirrt. Dieses Spiel ist gut geeignet als Abschluss eines Turniers. Es sollte aber auch bei keinem Trainingsprogramm fehlen.

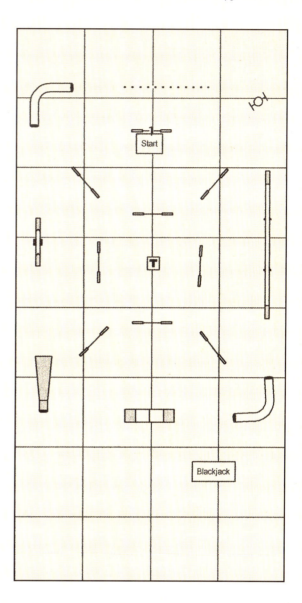

EINSATZMÖGLICHKEITEN

Pausenfüller und Vereinsturniere

Welche Spiele können oder sollen nun zu welchen Gelegenheiten angeboten werden? Im Prinzip können wir zu jeder Gelegenheit alles spielen. Aber mit Blick auf die Spiele-Eigenschaften lassen sich doch Empfehlungen aussprechen.

AUFWÄRMSPIELE

Die so genannten Aufwärmspiele werden zu Beginn eines Turniertages angeboten. So soll dem Hundeführer die Möglichkeit gegeben werden, sich und den Hund mit dem Platz, den Bodenverhältnissen und den Geräten vertraut zu machen. Beide können sich freilaufen und der Hundeführer kann seine Nervosität abbauen. Der Hund lernt bei diesem Spiel auch die Atmosphäre der Umgebung kennen. Bei einem Turnier in einer Halle können sich beide auf die dort herrschende, laute Geräuschkulisse und die doch deutlich anderen Bodenverhältnisse einstellen.

Die Tagesform des Hundes lässt sich bei beziehungsweise nach einem Aufwärmspiel besser abschätzen.

Der Hund kann seinen ersten Bewegungsdrang nach einer möglicherweise langen Autofahrt abreagieren. Als Aufwärmspiel eignen sich Monopoly in den verschiedenen Formen, Time is Out, Agility Open, Power and Speed, Fehler und Tunnel, Neuhausener Gambler, Dare to Double.

ABSCHLUSSSPIELE

Das Spiel nach den Prüfungen sollte etwas mehr Aktion haben. Bei den Teilnehmern hat sich jetzt der Prüfungsstress gelegt. Sie sind aufgeschlossen gegenüber neuen Spielen.

Die Starter, die mit ihren Ergebnissen nicht zufrieden sind, können ihren Stress in diesem Spiel abbauen. Hier eignen sich besonders Gruppen- und Mannschafts-Teamspiele. Leider werden doch von einem großen Teil der Starter solche Teamspiele abgelehnt.

Es herrscht die Meinung vor, die Hunde würden sich nicht vertragen. Dies ist ein Vorurteil. In all den Jahren ist mir weder bei eigenen Starts noch bei einem Einsatz als Leistungsrichter eine Beißerei während eines Spieldurchgangs vorgekommen. Die Hunde sind doch zum größten Teil sozialverträglich.

Natürlich gibt es auch hier Ausnahmen, genau wie bei den Hundeführern. Jeder kennt seinen Hund und weiß, wie er ihn einschätzen muss. Wenn sich zwei Hunde, die in einer Mannschaft oder Gruppe sind, wirklich nicht vertragen sollten, muss ein Team eben ausgewechselt werden.

Aber man kann nicht grundsätzlich Teamspiele ablehnen, nur weil sich einige Hunde nicht ausstehen können, oder noch schlimmer, die Hunde grundsätzlich auf andere losgehen.

Dann sollte der Hundeführer sich Gedanken machen, ob sein Vierbeiner überhaupt für den Sport geeignet ist.

Als Teamspiele bieten sich an: Tiefes Elend, Verfolgungsjagd, Jumping Team, Staffellauf, Zwei im Quadrat, K.O. Aber auch als Spiel danach werden verwendet: Snooker, Stilles Agility, Group Choice.

SPIELE ZUR ZEITÜBERBRÜCKUNG

Für einen schnellen Abschluss haben wir die Spiele K.O., Golden Slalom, Jumping Team.

Diese Spiele können direkt auf dem Platz ausgewertet werden und der Sieger wird sofort ermittelt. Es ist keine aufwändige Büroarbeit notwendig.

SPIELE ZUM TRAINING

Es können alle Spiele beim Training eingesetzt werden, um die Trainingsarbeit aufzulockern. Je nach Fortschritt der Gruppe können die eingesetzten Geräte variiert werden. Hier eine Empfehlung abzugeben wäre unsinnig.

SPIELE FÜR TEAM- ODER VEREINSWETTKÄMPFE

Hier bieten sich besonders die Teamspiele an, bei denen mehr als zwei Teams eingesetzt werden können.

So können Gruppen der Vereine gegeneinander spielen. Besonders geeignet sind Tiefes Elend, Staffellauf und Time is Out als Teamspiele.

Let´s do it

Ich hoffe, mit diesem Buch das Interesse an Agility-Spielen geweckt zu haben. Es soll Motivation sein für den Leser, Prüfungsleiter, Trainer und Richter, aus dem Einerlei herauszukommen und den Mut zu finden, mal was anderes zu machen als andere.

Es muss auch nicht immer ein Turnier sein, auf dem Spiele angeboten werden. Es müssen sich nur Gleichgesinnte finden, die einen schönen Spieleabend, einen Tag oder ein Wochenende mit Agilityspielen haben möchten. Der Rest lässt sich einfach organisieren.

Sport hat immer etwas mit Wettkampf zu tun. Stellen wir uns diesem Wettkampf im Spiel. Freuen wir uns auch bei Niederlagen über die Leistungen unseres Teamkameraden, dem Hund. Er ist so gut wie wir es ihm beigebracht haben. Was er falsch gemacht hat, haben wir ihm falsch erklärt. Es kann immer nur einer gewinnen!

Lasst uns spielen und wieder Freude mit unserem Hund an diesem Sport haben.

Vielleicht ist es möglich, beim Spiel offen und ohne Druck zu starten. Vielleicht lernen wir Hundeführer auch einmal wieder zu spielen.

In diesem Sinne:

Let´s do it!